U0556175

人文社科
高校学术研究论著丛刊

商务英语翻译与跨文化交际

周志刚 著

中国书籍出版社
China Book Press

图书在版编目 (CIP) 数据

商务英语翻译与跨文化交际 / 周志刚著 . -- 北京：中国书籍出版社, 2022.12

ISBN 978-7-5068-9246-9

Ⅰ.①商… Ⅱ.①周… Ⅲ.①商务 – 英语 – 翻译 – 研究 Ⅳ.① F7

中国版本图书馆 CIP 数据核字（2022）第 201310 号

商务英语翻译与跨文化交际

周志刚 著

丛书策划	谭 鹏 武 斌
责任编辑	毕 磊
责任印制	孙马飞 马 芝
封面设计	东方美迪
出版发行	中国书籍出版社
地 址	北京市丰台区三路居路 97 号（邮编：100073）
电 话	（010）52257143（总编室） （010）52257140（发行部）
电子邮箱	eo@chinabp.com.cn
经 销	全国新华书店
印 厂	三河市德贤弘印务有限公司
开 本	710 毫米 ×1000 毫米 1/16
字 数	210 千字
印 张	12.5
版 次	2023 年 3 月第 1 版
印 次	2023 年 5 月第 2 次印刷
书 号	ISBN 978-7-5068-9246-9
定 价	78.00 元

版权所有　翻印必究

目 录

第一章 绪 论·· 1
  第一节 文化与跨文化交际································ 1
  第二节 商务英语与商务英语翻译························ 5

第二章 商务英语翻译中的跨文化因素······················ 15
  第一节 跨文化交际对商务英语翻译的影响·············· 15
  第二节 跨文化交际背景下商务英语文本的语言特征······ 22
  第三节 跨文化交际背景下商务英语翻译的具体策略······ 30
  第四节 跨文化交际背景下商务英语翻译对译者的素质要求··· 35

第三章 商务英语合同翻译与跨文化交际····················· 39
  第一节 商务英语合同简述······························· 39
  第二节 商务英语合同的语言特点························ 44
  第三节 商务英语合同中的跨文化交际因素················ 47
  第四节 跨文化交际背景下商务英语合同翻译的原则与策略··· 48

第四章 商务英语信函翻译与跨文化交际····················· 53
  第一节 商务英语信函简述······························· 53
  第二节 商务英语信函的语言特点························ 67
  第三节 商务英语信函中的跨文化交际因素················ 75
  第四节 跨文化交际背景下商务英语信函翻译的原则与策略··· 76

第五章 商务英语说明书翻译与跨文化交际··················· 92
  第一节 商务英语说明书简述····························· 92
  第二节 商务英语说明书的语言特点······················ 95
  第三节 商务英语说明书中的跨文化交际因素·············· 102

　　　　第四节　跨文化交际背景下商务英语说明书
　　　　　　　翻译的原则与策略……………………………… 107

第六章　商务英语广告翻译与跨文化交际…………………… 113
　　第一节　商务英语广告简述……………………………… 113
　　第二节　商务英语广告的语言特点……………………… 119
　　第三节　商务英语广告中的跨文化交际因素…………… 125
　　第四节　跨文化交际背景下商务英语广告
　　　　　　翻译的原则与策略……………………………… 128

第七章　商务英语旅游文本翻译与跨文化交际……………… 136
　　第一节　商务英语旅游文本简述………………………… 136
　　第二节　商务英语旅游文本的语言特点………………… 140
　　第三节　商务英语旅游文本中的跨文化交际因素……… 144
　　第四节　跨文化交际背景下商务英语旅游文本
　　　　　　翻译的原则与策略……………………………… 147

第八章　商务英语口译与跨文化交际………………………… 159
　　第一节　商务英语口译简述……………………………… 159
　　第二节　商务英语口译的特点…………………………… 171
　　第三节　商务英语口译中的跨文化交际因素…………… 173
　　第四节　跨文化交际背景下商务英语口译的原则与策略…… 175

参考文献………………………………………………………… 186

第一章 绪 论

商务活动与商业贸易往来是一种交际行为,与语言沟通与交流有着密不可分的关系。语言本身也是文化的载体,其决定了在语言交流过程中,交际者必然会面对不同文化间存在的各类碰撞与交流,这就是交际双方沟通中常见的文化障碍。目前,英语已经成了国际化的语言,但是由于国度文化与语言环境之间的差异,加之不同生活观念与习俗的限制,这就要求译者应该对上述差异进行综合考量,从实际情况出发,将文化差异置于核心地位来考虑。作为国际展开商务往来的重要语言,商务英语包含国际贸易、国际经济、国际会计、国际金融等多方面的内容。也就是说,商务英语涉及的范围非常广泛。同时,商务英语的研究内容也非常复杂,因此商务英语翻译工作者不仅需要具备较高的英语语言知识,还需要掌握相关的文化背景知识,即商务英语要求译者掌握对方文化,只有这样才能克服商务交往与交流中的障碍,顺利实现贸易。

第一节 文化与跨文化交际

一、文化

文化是一个很广泛的概念,不少哲学家、人类学家、社会学家、语言学家一直努力从各自学科的研究角度对文化进行定义。学术界有关文化的定义已多于160种,目前的文化定义已多于250种。文化定义的多义性、不确定性,说明文化的广泛性。学术界对文化的定义很多,大体上可以概括为广义和狭义两种。

广义的文化,即通常所说的大文化,指人类在改造自然和改造社会的过程中所创造的物质财富和精神财富的总和。从内容看包含两点:其一,包括人类改造、人化自然过程的实践活动;其二,包括人类通过物质生产实践、精神生产实践而创造的一切物质财富和精神财富。自然的人化和化人,即人和社会的存在方式是广义文化的本质含义。人化指通过人的方式来改造世界而使外部世界事物带上了人文性质;化人指反过来,用这些改造外部世界的人文成果再去提高人、武装人,从而使人得到更为全面、自由的发展。广义的文化透视着在历史长河的发展中,人类的物质、精神力量相互作用而达到的成果。

狭义的文化,是指作为观念形态的,与经济、政治并列的,有关人类社会生活的思想理论、道德风尚、文学艺术、教育和科学等精神方面的内容。狭义的文化排除了在人类社会历史发展中有关物质所创造的活动及其成果部分,专指精神创造的活动及其成果,又称心态文化、小文化。从这个层面上说,文化也是一个国家或一定社会集团的教育科学、伦理道德、思想理论、文学艺术的生活方式之总和。

二、跨文化交际

(一)交际的概念与交际的原则

1. 交际的概念

交际是我们生活中的一个重要组成部分。人们之所以要交际,主要是因为如下几点原因。[①]

(1)我们需要满足自身的物质需求(We need to satisfy our material needs)。

(2)我们需要与别人取得联系(We need to connect with others)。

(3)我们需要控制别人的行为(We need to control the behavior of others)。

(4)我们需要表达自己的想法和情感(We need to express our thoughts and feelings)。

---

① 严明.跨文化交际理论研究[M].哈尔滨:黑龙江大学出版社,2009:2.

（5）我们需要探究周边的世界（We need to investigate the world around us）。

（6）我们需要传递新的信息（We need to pass on new information）。

（7）我们需要创设心目中的世界（We need to create worlds of the imagination）。

2. 交际的原则

（1）平等

每个人，无论拥有多少知识，拥有多高的地位，都应该保证其在人格上的平等。因此，在人际交往中，不能够因为自己的能力、地位等抬高自己、贬低别人，这样就如同在自己与他人之间树立了一道墙，很难与他人进行和谐交际。

（2）尊重

人们都渴望得到尊重。在人际交往中，我们都应该尊重他人，不仅尊重他人的人格、隐私等，还需要尊重彼此存在的内在的、外显的心理距离，不应该去破坏这一距离，否则就是对他人的冒犯。很多时候，一个微笑、一声问候就是对他人的尊重。

（3）沟通

人们需要进行沟通，只有沟通，才能够增进彼此之间的了解，减少一些不必要的冲突和摩擦。越是不沟通，就越容易在彼此之间建立防线，这样就很难与他人进行真正的交融。另外，沟通需要主动，如果一味地让他人主动，那么就很难实现自己的"好人缘"。

（4）宽容

天下没有完全相同的两个人，每个人都有自身的特点，有自身的差异。因此，在处理人际关系的时候，需要做到求同存异，保持一颗宽广的心。我们自己都有可能存在不完美，那么为什么还要求其他人完美呢？因此，在人际交往中，不要过分强求，得饶人处且饶人，即便他人犯了错误，也不应嫌弃他，而是应该为他提供改过的条件，原谅他人的过失，帮助他人改正错误。

（5）欣赏

每个人都希望得到他人的肯定，这是一种心理需求。因此，在人际交往中，我们应该欣赏他人，以欣赏的姿态肯定他人，发现他人的长处，这样会给他人带来美好的心情,也容易构建和谐的人际关系。

(6)换位

在现实中,很多人习惯从自己的主观出发来判断他人,这很容易激发矛盾。因此,要想得到彼此的认同与理解,避免产生偏见,就需要学会换位思考。这里说的换位,即善于从对方的角度思考问题,体会对方的情感,设身处地为他人着想,这样才能不断解决问题,也可以减少一些摩擦。

(7)诚信

诚信关乎一个人的品质与形象。在现实生活中,存在不讲诚信的情况,甚至坑骗自己的亲朋好友,导致其信誉低下,这样会对人际关系的和谐造成不利影响。因此,我们需要诚信,从身边做起,从小事做起,不要失信于人。

(8)合作

当今社会,人与人的竞争非常激烈,但是这并不意味着不能合作。很多时候,由于社会分工更为精细,需要团队的力量才能完成,这就需要进行合作。在合作基础上展开竞争,在竞争的基础上进行合作,这是人际交往的基本态势。如果只讲究竞争,不进行合作,那么就会出现恶性的竞争。因此,在人际交往中,我们应该多一些协商,多一份沟通,多一份合作。

(二)跨文化交际解析

随着国际经济、文化交流的日渐频繁,世界各国人民之间的合作和往来也与日俱增,从而出现了国际的交际,即"跨文化交际"(intercultural communication or cross-cultural communication)。[1]

人类一般性的交际(即主流文化内的交际)过程与跨文化交际过程是基本一致的,二者的本质也是基本一样的。二者之间的差异只是程度上的差异,不是本质上的差异,这是因为二者所涉及的变量或组成要素基本上是一致的。据美国学者古迪孔斯特(W. Gudykunst,1984)的看法,二者之间的差异在于交际所涉及的变量对其交际活动的影响程度方面,而且它们在交际过程中的相对重要性也有所不同。例如,对跨文化

---

[1] 吴为善,严慧仙.跨文化交际概论[M].北京:商务印书馆,2009:2.

交际来讲,民族中心主义是影响交际的重要因素。然而,在同一主流文化内的不同群体之间的交际中,它的作用显然低于它在跨文化交际过程中的作用。具体讲,跨文化交际是指不同文化背景的人们(即信息发出者和信息接收者)之间进行的思想、感情、信息等交流的过程。

第二节 商务英语与商务英语翻译

一、商务英语

(一)商务英语的界定

在1980年,我国的商务英语主要用于对外贸易交往,因此很多人将商务英语称为"外贸英语",即用英语 Foreign Trade English 来表示。现如今,随着经济的迅猛发展,我国在各个领域、各个层面,与国外的交往日益频繁,因此商务英语的内涵也在不断扩大,已成为一门独立的学科。

从字面上可以看出,商务英语涉及商务与英语两个方面。

第一,作为一种语言,商务英语必然用于交际,用于传递信息,其传递的信息可以将商务学科领域的特征凸显出来。

第二,其是在不同的场景中使用英语,因此具备自身的独特性。

当然,需要指明的一点是,商务英语不是商务和英语的简单相加,是二者的有机结合。

商务英语是从专门用途英语中来的,其原本意义指代的是在国际商务活动中使用的语言。之后,随着经济的发展,国与国之间的交往日益全球化,商务与英语之间的融合不断加深,商务英语的内涵也在不断扩大。

商务英语的本体已经从语言学逐渐向其他学科渗透,甚至超出了语言层面,成为可以包含商务各领域的概念。商务英语的本体构建应该从学科间的交融出发,不能仅仅置于某一传统的学科框架内。可见,商务英语是一个处于动态的、发展中的概念。

(二)商务英语的表达

1.表达原则

商务英语表达是一个包含广泛的概念。它指的是在商务环境下,为了实现某个商务目的而使用英语这一国际语言所使用的书面沟通方式,包括商务信件、商务电子邮件、商务便条、商务备忘录、商务报告、商务会议记录、商务建议书等。

现代商务交际环境中,商务英语表达一般需要遵循六大原则,即准确(Correctness)、清楚(Clarity)、简明(Conciseness)、具体(Concreteness)、完整(Completeness)、礼貌(Courtesy)。

(1)准确原则

准确原则指的是作者需要使用读者能理解的英语,运用精确的措辞和规范的语法结构、正确地拼写和标点符号,以准确地传达其信息,最终使读者能正确理解其信息。具体包括如下几方面。

①要根据写作交际场合来选择恰当的语言风格。对于正式的商务场合,必须使用正式的措辞和句子;而对于非正式的便函、便条或书信,则可使用较通俗的、偏口语化的措辞和句子。

②使用简洁且准确的措辞。商务英语在表达时需要使用简洁且准确的商务术语,以保证措辞的适宜性和信息表达的正确性。

③运用正确的语法和标点符号。标点符号错误主要涉及逗号、冒号、省字号等。常见的语法错误一般涉及以下几个方面:代词与先行词不一致;主谓不一致;句子缺少成分或成分多余;冗余句或悬垂结构;状语的位置错误。

④正确的拼写。因为拼写是否正确可能会影响所写的邮件、便条、报告等是否能被对方理解,因此在发送之前必须仔细检查其中可能存在的拼写错误。

(2)清楚原则

商务英语旨在清楚地表达写作者所要表达的观点、信息和意思,因此写作时要合理安排信息和观点,运用正确的句型句法,意思清晰,突出重点,层次分明。

（3）简洁原则

现代商务英语表达中越来越注重简洁性，即在保证内容完整无损与清楚明白的前提下用尽可能简短扼要的词句来阐明主题。

（4）具体原则

在现代商务英语表达中，要尽量使用具体的、明确的语言，直截了当地传递信息，表明观点，说明情况，切忌笼统模糊、拐弯抹角。尤其要避免抽象的词汇、模糊笼统的表达。

（5）完整原则

商务英语表达的完整原则一方面指要完整地实现交际目的。另外，商务英语表达的完整原则指的是内容必须完整周密，通常需要包括6W，即Who, What, When, Where, Why以及How，具体需要考虑如下方面。

Who：预期的读者是谁？写作内容、措辞和表达方式是否适合预期读者？

What：你的写作目的是什么？想要传达什么信息？读者读完后知道该怎么做吗？

When：读者知道应什么时候回应吗？读者知道你期待他去做某件事情的具体时间吗？

Where：读者知道你期待他去做某件事情的具体地点吗？你确定你提供了详细的联系方式吗（以便对方回复）？

Why：读者为何要按照你的期待去做事？

How：读者知道具体应该如何做吗？具体方法或步骤是什么？

（6）礼貌原则

礼貌原则并不是指尽可能多地采用客套的句式，而是指一种贯彻于全文的"以读者为中心"的态度，即尊重、理解和体谅对方的态度。

二、商务英语翻译

（一）翻译与翻译技巧

1. 翻译的界定

任何一种翻译活动，不论从内容方面（政治、社会、科技、艺术等等）

还是从形式方面(口译、笔译、同声传译)都具有鲜明的符号转换和文化传播的属性。作为文化和语言的转换活动,翻译的目的是沟通思想、交换信息,进而实现人类文明成果的共享。没有翻译作为媒介,文化、传统、科技的推广就无从谈起,所以翻译是人类社会共同进步的加速器。

  从文化的角度来说,文化具有动态的特点,由于经济的发展、科技的进步,文化也随之发生改变。例如,互联网和电子媒体技术的发展,带来了网络文化的繁荣,才有了今天的各式各样网络语言和网络文化的产生。对于翻译活动的参与者而言,随时掌握文化的动态,既要了解世界文化,又要及时跟进掌握母语文化是从事这一行业的基本要求。所以,所有翻译从业人员应该对政治、科技、经济、社会和时事等保持足够的兴趣,随时了解最新信息,才能在翻译实践中做到游刃有余。[①]

  语言的功能是通过语音、文字等符号赋予外部世界以意义。相同的事物或事件在不同文化中会令人产生不同的感受。语言的功能包括心理学和社会学的功能。语言的心理学功能表现在:是人们用来与客观世界沟通的手段,是人们认知外部世界的心理过程,可以细分为命名功能、陈述功能、表达功能、认知功能和建模功能五种。

(1)语言的命名功能即使用语言来对客观世界的事物给予定义和说明,当我们遇到一个新的事物时,出于本能的需要就是要知道具体怎样对其进行称谓。这一心理需求从幼儿时期就产生,并逐渐发展。

(2)语言的陈述功能指的是语言被用来说明事物和事物之间的关系,人们通过语言来说明一些事件和事物,以及它们之间的复杂关系。

(3)语言的表达功能是指人们自己的思想情感通过语言进行对外传递。

(4)语言的认知功能表现在它是人类思考的手段和媒介。人们的思维活动是以语言作为载体的,这就是为什么我们翻译时,看到一个单词,最初的反映是它在我们母语中的语义,而不是它所代表的具体事物的形象。

(5)语言的建模功能指的是语言是被用来构建反映客观世界的认知图式的手段,比如原始人对树的认知只是孤单的一种存在,而随着人类认知能力的提升,我们会发现树有很多品种,而且脑子里也有了各种树的形象图形。

---

① 孙致礼.新编英汉翻译教程[M].上海:上海外语教育出版社,2003:3.

第一章 绪 论

语言还具有社会学功能,它是人际沟通的手段,包括交流、信息获取、描述和煽情等。人们通过语言可以维系和改善与他人的关系;人们通过语言来获取知识,所以语言就有了信息获取的功能;语言还被用来发出指令、请求、提醒和告诫等,如各种军队的命令、母亲对孩子的告诫提醒等;语言还被用来说服社交对象,激发人的情感,影响人的情绪等,这是语言的煽情功能。在翻译当中,译者应该注意在传译这些功能的时候会出现的用词、语调等的变化,从而更加传神地将信息传递给目标人群。

翻译本身是个笼统的概念,可以划分为口译(interpretation)、笔译(translation)、机器翻译(machine translation)和机助翻译(machine-aided translation)。在口译中又有交替传译(consecutive interpretation)和同声传译(simultaneous interpretation)。

翻译的标准有很多,但基本的共识是要达到"信、达、雅"这三个标准。"信"即对原文的忠实,翻译是不可以随意发挥和篡改原作者的语义和情感的。"达"是指翻译的内容要使读者或听者充分准确地理解,令人迷惑不解的译文是不合格的。"雅"是指语言的优美,能让人产生美感。当然"雅"应该是建立在"信"和"达"的基础之上的,没有对原文含义的"信"和表达的通顺,"雅"就没有任何意义了。

翻译中的口译具有即时性的特点,译者往往没有充足的时间作准备,要根据现场情况及时、准确地理解和传达,因此译者需具有更加强大的心理素质,以及更加广博的知识存储。另外,也有一些对译员的心理和生理条件的要求,比如比较胆怯的性格特点,或者有先天性语病的(口吃、发音障碍等)就不适合担当口译工作。笔译的从业者则要从不同的方面来考虑。

笔译要求翻译内容更加准确和优美,为此,译员应该做好充分的准备,包括对原文作者的了解,对材料背景和相关专业知识的学习和准备。只有做足了功课,才能确保对原文语义的精确理解。表达是笔译的第二步,当然表达的准确程度依赖于对原文的理解程度。另外,还要对翻译的内容进行校对,确保没有笔误,不遗失信息。

翻译的方法可以简单分成意译和直译。意译指的是译者只忠实于原文的语义,而不拘泥于原文的表现形式。因为中外文化的巨大差异,很多词语和表达法在另一种语言中完全不存在,或部分存在,这样就要求译者对原文语义有更加全局性的把握,从而在不改变基本语义的情况下,对表达方式做出适当的调整。直译法既能保持原文的语义又能保持原文的形式,包括原文的修辞手段和基本结构,从而既表达了语义,又保留一定的原汁原味儿的异国情调。在具体翻译实践中,不能僵硬地保持意译或直译的风格,采用哪种方式一定是视情况而定的,取决于原文的特点。在绝大多数情况下,需要两种翻译方式的结合,才能创作出理想的译文。

2. 翻译技巧

(1)长定语的翻译

英语的长定语包括从句、独立结构等,较之汉语的定语有位置、使用方式、使用频率方面的不同,所以长定语的翻译一直是英语翻译中的难点。

在翻译实践中,根据原句的特点和句子长短,可尝试运用以下两种翻译技巧。

①原句较短,可译成标准的汉语定语句式。例如:

Besides coffee industry, there are many other fields in which Uganda and China can cooperate.

除咖啡产业外,乌中之间在很多其他领域都可以开展合作。

②原句较长,可将定语从句拆开单译。例如:

After years of economic reform, this country has achieved macro-economic stability characterized by low inflation, stable exchange rates and consistently high economic growth.

经过数年经济改革,这个国家实现了宏观经济的稳定,其特点为低通胀、汇率稳定和持续高速的经济增长。

因为在即时口译翻译中,时间有限,若译成较长的句子,容易产生口误或错误,导致听者理解困难。

(2)无主句的翻译

无主句是汉语使用中常出现的情况。例如:

医院将提升学术水平作为重中之重,实施科研精品战略,以立足长远、收缩战线、调整布局、突出重点、加强协作、结合医疗为方针,加强学科建设、重点实验室和科研队伍建设,先后培养出5个国家重点学科,18个省重点学科,8个卫健委重点实验室,为获取重大科研课题和重大科研成果奠定了基础。

第一章 绪 论

在这样一个长句中只有开头一个主语。翻译中如果也这样设计句子结构,就会产生非常混乱的感觉。建议具体翻译方案如下。

添加主语:The hospital prioritizes the upgrading of academic capacity and establishment of key disciplines. It practices the "Strategy of Premium Research". It holds on to the Long-term based, concentrated, restructured and concerted guideline which combines with medical service.

被动语态:Key disciplines and key labs are emphasized in the process which resulted in the establishment of 5 national level disciplines, 18 provincial ones and 8 labs of ministerial importance.

在书面和非常正式的场合可用从句:That premium research is practiced as a strategy, that the guideline of long-term, concentrated, prioritized development are emphasized.

(3)替代词的使用

在我们阅读翻译作品时,常感文字表述不顺,很重要的一个原因是,英文替代词的使用要远多于汉语。其中包括代词、名词、助动词、系动词等。此时,我们应该注意依照目标语言的使用习惯进行转译。例如:

沈阳是个以制造业为经济基础的城市,⋯⋯沈阳还是个有着上千年历史的古城。

Shenyang is a manufacturing based industrial city... <u>it</u> is also a thousand years old ancient city.

I prefer cars made in Germany to <u>those</u> made in Japan.

译文:相比日本<u>汽车</u>,我更喜欢德国车。

另一种替代是用可表示其特点的名词替代。例如:

Both China and the United States are great countries in the world and their partnership will be contributive to world peace and development. <u>The greatest development country and the greatest developing country</u> will certainly play leverage in world affairs.

中美两个大国及其伙伴关系会对世界和平和发展做出巨大贡献,<u>两国</u>在世界事务中将起到举足轻重的作用。

注:英文表述中分别用表示各自特点的名词 the greatest developed country 和 the greatest developing country 替代各自的名称。这样的情况在英文中比比皆是。如提及中国时可用 the fastest growing economy, the most populous country in the world, the ancient oriental civilization 等。提到美国时可用 the most advance economy, the only superpower 等。

（4）三段式翻译

中文表述中常出现多谓语情况。例如：

大连地处辽东半岛南端，风光美丽宜人，是东北乃至东北亚地区重要的海港城市。

这种情况下，建议将次要谓语译为独立结构，另两个谓语译为双谓语句子。翻译如下：

Situated on the south tip of Liaodong Peninsula, Dalian is a city of pleasantry and a harbor city of regional importance in Northeast China, even in Northeast Asia.

（5）插入语

英文会使用很多插入语，跟汉语相比这是较为独特的现象，在翻译中应该注意句子成分位置的变化，以达到更加地道的语言表述效果。例如：

Another impediment to archeological research, <u>one of worldwide concern</u>, was the increasing resistance to excavation of the remains of indigenous inhabitants.

<u>令世界关注的</u>另一个对考古研究的阻碍是人们对当地居民遗产的发掘的抵制。

Zookeepers know, <u>to their despair</u>, that many species of animals will not bread with just any other animal of their species.

<u>令他们失望的是</u>，动物饲养员知道很多动物并不随意与同类交配。

（6）句子成分转换

一些经验不足的译者往往进行字对字的翻译，经常费力不讨好，且译出的语言文字显得不伦不类，有时甚至令人费解。实际上翻译是一个思想传递的过程，而非一味追求语言的绝对忠实。例如：

装备制造业是国家工业化、现代化的标志。也是国民经济的基础，是一个国家竞争力的体现。

Capacity of Equipment manufacturing indicates industrialization and modernization, underlies national economy and backs up national competitiveness.

上例中,将原文的宾语译成了谓语。

(7)填词、省略法

在翻译过程中,原则上不能随意加词,但为更好地表达,以便读者或听者更好地理解,翻译时也可添加词,前提是虽原文中未提及,但明显隐含其意。例如:

Without your help, my trip to China wouldn't have been such a pleasant one.

如果没有你的帮助,我的中国之行不会如此愉快。

有添,就有略,二者都是由文化差异、语言习惯造成的。如果不进行必要的处理,自然无法达到最佳翻译效果。例如:

会议讨论了环保问题。

译文:Meeting discussed environmental protection.

上例中省略了"问题"。

(二)商务英语翻译的界定

所谓商务英语翻译,是指在经济全球化的过程中,为了开展商务活动,促进物质文化交流而出现的一种翻译活动。

从其概念的范畴来讲,商务英语翻译有广义、狭义之分。

从广义上来说,商务英语翻译可以包含与国际商务活动相关的一切领域的翻译,如外宣文件翻译、外交事务翻译等。

从狭义上来说,商务英语翻译是那些为了实现直接经济利益目的而进行的经营性活动中所涉及的翻译,如某公司为了进军国际贸易业务而需要进行的翻译活动。

在我国,一些学者从以下不同角度对商务英语翻译进行了划分。

从工作方式来说,商务英语翻译分为口译和笔译。当然,二者存在着明显的差异。其中笔译的时间上相对较为宽松,译者有充足的时间来分析源语内容,甚至可以经过协商而不断延长期限。但是,口译的时间是紧凑的,同声传译就是其中的一种。

从译语的方向来说,商务英语翻译分为英语译成汉语和汉语译成英语两类。

从翻译的方式来说,商务英语翻译有全部翻译和部分翻译两大类。

总之,商务英语翻译是特殊领域的翻译,它和一般的文学翻译不同,其具有明确的商业目的,所以商务英语翻译具有特定性和专业性。另外,商务英语翻译作为时代进化的结果,它还具有翻译对象符号化和翻译方式信息化的特点。

第二章　商务英语翻译中的跨文化因素

在商务英语翻译中,若想翻译得更为准确、达意,就离不开对其中跨文化因素的研究。本章作为承接章,重点从跨文化交际对商务英语翻译的影响以及跨文化交际背景下商务英语文本的语言特征、商务英语翻译策略以及对译者的素质要求几大层面展开分析。

第一节　跨文化交际对商务英语翻译的影响

在商务英语翻译中,要对英汉两种语言进行互译,必须首先了解这两种语言各自的特点:英语句子有严谨的句子结构。无论句子结构多么复杂,最终都能归结为五种基本句型中的一种(主语＋谓语／主语＋系词＋表语／主语＋谓语＋宾语／主语＋谓语＋间宾＋直宾／主语＋谓语＋宾语＋宾补)。英语句子结构形式规范;不管句型如何变化,是倒装句、反义疑问句还是 there be 句型,学习者都可以从中找到规律。英语句子还采用不定式、现在分词、过去分词,引导词以及连词等手段使句子简繁交替,长短交错,句子形式不至于流散。而汉语句子没有严谨的句子结构,主语、谓语、宾语等句子成分都是可有可无,形容词、介词短语、数量词等都可以成为句子的主语。一个字"走",也可以成为一个句子,因其主语为谈话双方所共知,所以不用明示其主语。汉语句子,不受句子形式的约束,可以直接把几个动词、几个句子连接在一起,不需要任何连接词,只要达到交际的语用目的即可,句子形式呈流散型。英汉两种语言的区别概括如下。

```
       ┌ 法治     → 句法结构严谨（句法结构完整）
       │ 刚性结构 → 形式规范  （有规律可循）
英语 ─┤ 显性     → 运用关联词来体现句子的逻辑关系（形合）
       │ 语法型   → 主谓一致、虚拟语气等语法规则（语法生硬，没有弹性）
       │ 主体性   → 句式有逻辑次序，句子重心
       └ 聚焦型   → 用各种手段使句子从形式上聚焦在一起（像一串葡萄）

       ┌ 人治     → 没有严谨的句法结构，可以依据具体情况而定
       │ 柔性     → 结构形式多样，比较灵活
汉语 ─┤ 隐性     → 很少用到，甚至可以不用任何形式的连接手段（意合）
       │ 语用型   → 只要达到交际目的即可，以功能意义为主
       │ 平面性   → 长短句混合交错，并列存在
       └ 流散型   → 句子似断似连，组成流水句
```

综上所述，英语是以形寓意，汉语则是以神统法。下面就从形合意合、思维模式和句子重心位置等几个方面进行具体阐释。

一、意合与形合

意合（parataxis）即词与词、句与句的从属关系的连接不用借助于连词或其他语言形式手段来实现，而是借助于词语或句子所含意义的逻辑关系来实现，句子似断似连，组成流水句，语篇连贯呈隐性。中国的唐诗、宋词在建构语篇情境时，采用的就是意合。

形合（hypotaxis）常常借助各种连接手段（连词、介词、非限定性动词、动词短语等）来表达句与句之间的逻辑关系，句子结构严谨，连接关系清楚。句与句、段落与段落之间彼此关联、相得益彰，像摆在我们面前的一串串葡萄。

（一）意合语言

汉语中很少用到甚至不用任何形式的连接手段，而比较重视逻辑顺序，通常借助词语或句子所含意义的逻辑关系来实现句子的连接，因此汉语是一种意合语言，句与句之间的连接又称"隐性"（implicitness/covertness）连接，汉语句子可以是意连形不连，即句子间的逻辑关系是隐含的，不一定用连接词，这无论是在中国的唐诗、宋词、元曲等古文作品中，还是在现代文作品以及商务英语翻译中都体现得淋漓尽致。

苏轼的《水调歌头》：
明月几时有？把酒问青天。不知天上宫阙、今夕是何年？我欲乘风

归去,唯恐琼楼玉宇,高处不胜寒。起舞弄清影,何似在人间?转朱阁,低绮户,照无眠。不应有恨、何事长向别时圆?人有悲欢离合,月有阴晴圆缺,此事古难全。但愿人长久,千里共婵娟。

全词言简意赅,没有借助任何连接手段,而是完全借助于隐含的意义上的逻辑关系完成了整个语篇意义的建构,以月抒情,表达了词人在政治上的失意,同时也表达了他毫不悲观的性格。

在现代文中这样的例子也比比皆是,下面就是一例:

到冬天,草黄了,花也完了,天上却散下花来,于是满山就铺上了一层耀眼的雪花。

可以看出汉语句子的分句与分句之间,或者短语与短语之间,在意思上有联系,但用很少的关联词连接每个分句或短语。英语中也有意合结构,但这种情况很少,句与句间可以使用分号连接。

(二)形合语言

英语有严谨的句子结构,句型有规律可循(倒装句、反义疑问句、祈使句、疑问句以及 there be 句型等),语法严格而没有弹性(主谓一致、虚拟语气、情态动词用法、冠词、介词、代词、名词的格和数、时态及语态等),常常借助各种连接手段(连词、副词、关联词、引导词、介词短语、非谓语动词、动词短语等)来表达句与句之间的逻辑关系,因此英语是一种重"形合"语言,其语篇建构采用的是"显性"(explicitness/overtness)原则。例如:

So far shipment is moving as planned and containers are currently en route to Malaysia where they will be transshipped to ocean vessel bound for Denmark.

到目前为止,货运按计划进行中。集装箱货物正在驶往马来西亚的途中,在那里将被转为海运,开往丹麦。

英语中有时需要用 and 把词与词、句与句连接起来,构成并列关系。如果 and 删掉,就违背了英语严谨的句法规则,此句也就变成了病句。在汉语翻译中,and 不必翻译出来,句子意义的表达也很清晰。

在复合句的表达上,英汉两种语言存在着形合与意合的不同,即在句与句之间的连接成分是否保留上二者有本质区别。英语以形合见长,汉语以意合见长。通过对上面英汉句子的对比,我们可以看出英译汉的过程中一些连接词的省译可以使译文更具汉语意合的特点，反之亦然。也就是说，在进行两种语言的翻译时，要考虑到这两种语言的特点，做必要的衔接连贯手段的增添或删减。

二、思维模式

商务英语翻译是一项复杂的双语转码活动，它是两种语言符号的转换，也是两种文化的沟通。语言文化的差异所导致的表达方法和习惯用法的差异，可以追溯到更深层次的思维方面的差异，所以翻译过程不仅仅是两种语言的转换过程，也是两种思维的转换过程。思维模式（thinking mode）的差异对商务英语翻译会产生很大的影响。在翻译过程中，应该根据不同的思维模式，选择适合目标语思维模式的词语用法、句法结构、句子语序、句式结构以及行文特点等，否则会影响译文的顺畅、优美，使译文生硬欠妥，甚至出现错误，最终影响交易的顺利进行，有时还会导致交易失败。

（一）螺旋形思维模式

中国人的思维模式是螺旋式的流散型思维模式。整个思维过程按事物发展的顺序，时间顺序，或因果关系排列，绕圈向前发展，把做出的判断或推理的结果，以总结的方式安排在结尾。也就是先说事实、理由，再得出结论。行文如行云流水，洋洋洒洒，形散而神聚。例如：

昨晚，我厂发生了火灾，虽然最终扑灭，但是部分货物还是受损严重，其中有本打算周末发往您处的沙滩帐篷。我厂将尽快赶制一批帐篷，望贵方将收货日期延长至下月底。

汉语思维：A fire broke out in our warehouse last night. Though it was put out soon, part of the stock was seriously damaged, including the tents which had been intended to send to you this weekend. We will try hard to produce a new consignment, and we hope that you can extend delivery to the end of next month.

英语思维：We will be grateful if you could extend delivery of the tents to the end of next month. A fire broke out in our warehouse last night, and destroyed part of the stock which we had intended to ship this weekend. We are trying hard to produce a new consignment to replace the damaged ones.

我们试着从买方看到汉语思维译本可能做出的反应的角度来分析一下,括号内为买方的可能反应。A fire broke out in our warehouse last night. (Oh, sorry to hear about that. 仓库着火,深感同情。) Though it was put out soon, part of the stock was seriously damaged, (Still, sorry to hear about that. 库存损失严重,还是深感同情。) including the tents which had been intended to send to you this weekend. (What! 什么?我们买的帐篷也烧了?惊愕!) We will try hard to produce a new consignment, (Oh, yeah? 你们在赶做我们的货啊?) and we hope that you can extend delivery to the end of next month. (Why don't you say it at first? 要推迟交货日期到下月末,哎呀,怎么不早说呀!) 相比而言,英文思维译本显然就比汉语思维译本好多了。开篇就先把与买方息息相关的内容做了阐述,态度也会显得比较诚恳(We will be grateful),不像汉语思维译文,会有推诿之嫌,引起对方的不快。在商务英语翻译中,不能按照汉语的思维方式来翻译。否则,会导致交际失败,甚至影响贸易的顺利进行。

(二)直线型思维模式

在思维方式上,西方人理性思维发达,具有严密的逻辑性和科学性,是直线型思维模式。他们往往以直线推进的方式,进行严密的逻辑分析。在语言表达上表现为先论述中心思想,表明观点,而后再对背景、事件起因、经过、结果等分点阐述说明。在建构语篇时,他们也习惯于开篇就直接点题,先说主要信息再补充说明辅助信息。在商务英语翻译过程中,应该按照西方人的思维模式:先点题,再阐述具体信息;结果放前,原因放后;先中心思想,后具体细节信息;先主要信息,后次要信息或辅助信息。例如:

You will receive an itemized statement on the thirtieth of each month, as the enclosed credit agreement specifies.

按照附件中的信用卡使用协议,每月30号收到详细账单。

英语思维方式是先主要信息(receive an itemized statement),后辅助信息(as the enclosed credit agreement specifies);汉语思维方式是

把主要信息放在后面(即每月 30 号收到详细账单)。

We will open the L/C as soon as we are informed of the number of your Export License.

我们收到你方的出口许可证号,就开信用证。

英语思维方式是先目的(open the L/C),再提条件(we are informed of the number of your Export License)。汉语思维方式是先提条件(收到你方的出口许可证号),再说明要达到的目的(开信用证)。

三、句子重心

中国人和西方人截然不同的逻辑思维方式,导致了两种语言句子结构重心(focus of sentence)的差异。英语重视主语,主语决定了词语及句型的选择。主语可以是人也可以是物。西方人还经常使用被动语态来突出主语的重要性。汉语重话题,开篇提出话题,再循序渐进,往往按照事情的发展顺序,由事实到结论或由因到果进行论述,所以在汉语中多使用主动语态。英语重结构,句子比较长,有主句有从句,主句在前从句在后,甚至于从句中还可以在包含一套主从复合句,句子变得错综复杂。每个句子就像一串葡萄,一个主干支撑着所有的葡萄粒。主句就是主干,通常放在句子的最前面。汉语重语义,句子越精练越好,只要达到表意功能即可。

综上所述,英语句子的重心应该在前,而汉语句子的重心应该在后,这点在商务英语翻译中所起的作用是不言而喻的。在商务英语翻译过程中,为了突出对方的重要地位,经常使用被动句,把对方放在主语的位置上。为了让对方迅速了解信函的目的,开篇就要点明写作意图,然后再作解释说明。与此同时,必须弄清楚整个句子的句法结构,找到句子的主干以及分清句子中各成分之间的语法关系,即找出句子的主干,弄清句子的主句,再找从句和其他修饰限定,把重要信息放在主句中。例如:

我们打交道以来,您总是按期结算货款的。可是您 L89452 号发票的货款至今未结。<u>我们想您是否遇到什么困难了</u>。

Please let me know if you meet any difficulty. Your L89452 invoice is not paid for the purchase price. Since we have been working with you, you are always on time.

第二章　商务英语翻译中的跨文化因素

汉语句子开篇提出话题,然后再说明所发生的事情,最后说明信函的目的,句子重心在后。英语句子则不同,开篇就说明了信函的目的,而且以对方为主,表示对对方的尊重,句子重心在前。例如:

我公司在出口贸易中接受信用证付款,这是历来的习惯做法,贵公司大概早已知道。现贵公司既提出分期付款的要求,<u>经考虑改为50%货款用信用证支付;余下的50%部分用承兑交单60天远期汇票付清</u>。

Your request for payment in installments, with 50% of the payment by credit card, and the remaining by D/A 60 days' sight draft, has been granted despite the fact that it's an established practice for our company to accept L/C in our export trade as you probably already know.

汉语由几个短句构成,先谈规则,再谈按照对方要求所做的改动(即最终结果)。英语句子仅仅用了一句话,借助于介词短语、状语从句、方式状语从句等把所有的信息都涵盖了。句子错综复杂,理清句子结构显得尤为重要。句子中最重要的信息被放在了句首,也是句子的主干。为了达到这一目的,句子用物作主语,并使用了被动语态,突出了主句。主句 Your request for payment in installments has been granted 才是句子的重心。例如:

The J. Paul Getty Museum seeks to inspire curiosity about, and enjoyment and understanding of, the visual arts by collecting, exhibiting and interpreting works of art of outstanding quality and historical importance. To fulfill this mission, the Museum continues to build its collections through purchase and gifts, and develops programs of exhibitions, publications, scholarly research, public education, and the performing arts that engage our diverse local and international audiences.

J. 保罗盖蒂博物馆通过购买或接受赠品来扩大其收藏,开办展览项目,出版作品等方式进行学术研究,开展公共教育,通过表演活动吸引当地观众和国际观众。J. 保罗盖蒂博物馆这样做的目的是通过收集、展览以及诠释高质量的、杰出的、有历史意义的艺术品,来激发人们对视觉艺术的好奇心,促进人们对艺术品的理解和欣赏。

相比较而言,英语总是能"直戳要害",开门见山地点出句子的重点和主题。我们平时阅读双语文章,有时候遇到汉语读不太懂的句段,反而看对应的英语翻译会觉得豁然开朗。大致原因也是要归功于英语的直观性了。

第二节 跨文化交际背景下商务英语文本的语言特征

一、商务英语文本的词汇特征

（一）选择表达单一的词汇

与普通英语不同的是，商务英语一般选用词义相对单一的词来替代词义灵活丰富的词，以便使文体更准确、严谨、庄重。例如：

用 inform（告知）替代 tell（告诉）

用 effect（使……发生，使……引起）替代 make（使……）

用 terminate（结束,终止）替代 end（结束）

用 grant（准予,允许）替代 give（给予）

用 acquaint（使……熟悉,使……了解）替代 be familiar with（熟悉……）

用 constitute（构成,组成）替代 include（包括,包含）

用 by return（立即回复）替代 soon（不久）

用 tariff（关税）替代 tax（税收）

商务英语与普通英语在语言表达上还有一个重要不同之处在于其表达具体、准确，不含糊其词，不笼统抽象，尤其体现在一些商务合同、协议等文本中。试比较：

普通英语	国际商务英语	译文
before March 20	on or before March 20	3月20日前
in a month	in one month or less	一个月以内
in late July	within the last 10 days of July	七月下旬

显然，通过对比可以看出，第二组的商务英语表达更加具体、清晰和确切。

（二）使用正式的词汇

由于一些商务文书具有规范、约束等性质，所以，在选择词汇时应首先考虑到正式的词汇。例如：

用 previous to（在……之前）代替 before（在……之前）
用 solicit（征求）代替 seek（寻求）
用 certify（证明）代替 prove（证明）
用 expiry（到期）代替 end（结束）

在动词的使用方面，多用非常正式的单个动词而不太使用小巧动词或"动词＋介词/副词"或"动词＋名词＋介词"等动词短语和动词搭配，例如：

用 appoint（确定）代替 make an appointment of（预约）
用 continue（持续）代替 keep on（继续）或者 go on（继续）
用 supplement（附加费）代替 add to（增加）

（三）倾向平实、准确的表达方式

商务英语表达思想时，更倾向于使用明白晓畅、逻辑关系明确的方式进行交际，人们常常使用：

in order to 为了……
as a result 因此
for this reason 为此
primary industry 第一产业
cash with order 订货付款

商务英语中倾向使用常用词语，不用生僻词汇，以保证所用词语具有国际通用性，确保能被从事普通商务活动的人们理解。例如：

用 improve（改进，改善）代替 ameliorate（改进，改善）
用 approve（批准；赞成；同意；核准）代替 approbation（认可，批准）

（四）使用连贯介词

商务英语许多文本非常正式，尤其是一些商务中有约束力的一些文献。因此,在介词和连词的使用方面,倾向于使用繁复的介词短语代替简单的介词和连词,以便与其比较正式和规范的名词和动词相搭配,相协调,从而体现商务英语的庄重、严肃、客观的文体风格。如常使用 as per, in view of, in accordance with, in compliance with 等,而不用比较随意的 according to。

在商务英语文件中,我们会发现用连贯介词取代单个介词的现象。例如:

用 in case of (provided that) 代替 if
用 for the purpose of 代替 for
用 in the event of /that 代替 if
用 in the nature of 代替 like
用 along the line of 代替 roughly

二、商务英语文本的句法特征

(一)使用状语从句

在商务英语文体中常常使用状语从句,是体现其文体准确完整的一个重要手段。例如:
I'm sure you will think it fair on our part when we suggest that the total value of the parcel should be reduced by 40%.
我方建议这批货从总价削减 40%,相信你方认为这样对我方是公平的。

(二)使用被动语态

商务英语文体中常常使用被动语态,主要是为了使语言结构紧密、语义确切,表达严密,更具逻辑性。被动语态的使用能够转移所强调的内容,突出商务信息,提高论述的客观性。此外,在涉外场合中,被动语态还可以减少主观色彩,增加论述的客观、公正性以及话语的可信度,同时,可以给对方留下一个良好的印象。试比较:
Party A hereby appoints Party B as its exclusive sales agent in Hangzhou.(主动语态)

乙方被甲方委托为在杭州的独家销售代理商。

Party B is hereby appointed by Party A as its exclusive sales agent in Hangzhou.（被动语态）

乙方被甲方委托为在新加坡的独家销售代理商。

该例可以看出，使用被动语态的句子，更加客观、严谨、紧密，更容易被对方所接受。

三、商务英语文本的语篇特征

（一）使用套用语

在长期的商务活动中，针对不同的商务语类，形成了固定的套语。所谓套语，就是指句子框架和引语，指可扩展的包含固定形式的词块，主要作为篇章组织的手段。商务英语这些套语语域特征明显，交际功能明确，表达方式相对固定，具有较强的规范性，体现商务英语文体风格，是其语篇组织的主要方式之一。

（1）确认收到信函。例如：

We have received your letter...

We are in receipt of your letter...

We acknowledge receipt of your letter...

We make acknowledgement to your letter of...

We have for acknowledgement your letter of...

你方……的来函收悉

（2）邀请。例如：

We should be grateful/obliged/thankful if you...

It would be appreciated if you...

如蒙……将不胜感激

（3）告知。例如：

Please be advised that...

Please be informed that...

请告知……

（4）随函附寄……请查收。例如：

Enclosed are...

Please find enclosed...
随函附寄……请查收
(5)畅销。例如：
...are sold well...
...are good sellers...
...are most popular with...
...enjoy fast sales...
……非常畅销。

(二)委婉表达

商务英语为商务活动服务，其根本目的是以此为工具，创造良好的商务环境，使商务活动顺利开展，达到双方的目的。不管是商务报告，还是商务函电、公司简介、产品说明等都需要委婉客气，措辞得当，以热情友好的话语促进商务活动的成功进行。因此，在商务英语中，委婉表达十分普遍，成为商务英语语篇的一个显著特征。

四、商务英语文本的修辞特征

(一)拟人

商务英语中经常使用拟人的修辞手法，赋予商品、概念或事件以人的特征，从而使所述内容更加生动、亲切、容易理解。例如：
Please advise us of the fate of our above mentioned Reimbursement Claims.
请告知我行上述所提到的索偿通知的命运如何。
原文中的 fate 采用了修辞手段，将索偿通知人格化。

(二)借代

商务英语中常用一个具体形象的词来指代一个事物、一种属性或一种概念，即利用人的联想，将具体词的词义引申出来，使表达更加生动、轻松。此外，商务英语中还常出现员工和公司互相借代或整体与部分互相借代的情况。例如：

On the road of development, every company has its roses and thorns.

每个公司在其发展道路上都有成功与失败。

上例利用具体事物 roses（玫瑰），thorns（荆棘）分别代指两个抽象的概念：发展过程中的成功，发展道路上的困难和失败，从而形象地表现出公司成长道路的艰辛。

（三）夸张

夸张也是商务英语中经常使用的修辞手段，因为适当使用夸张手法可以有助于增强语言的感染力，从而引发读者联想，加深读者印象。例如：

The nation watched agape Friday as the stock market suffered a history making collapse that shook professional and armchair investors alike.

当股票市场在星期五遭受有史以来的使专业投资者和非专业投资者都感到震惊的重创时，全国人民都目瞪口呆。

原文中的 agape 意为"瞠目结舌的"，但是我们知道，股票市场的重创怎么都不至于让所有人都瞠目结舌，因此这里只是一种夸张的说法，用以表达人们的震惊程度。

（四）比喻

商务文体中的比喻大多为隐喻，它不仅是对语言的粉饰，还能折射出交往者看问题的角度或认知方式，甚至能映射出商务活动的发展方向和宏观态势。例如：

The electricity failure caused the train service's paralysis.

断电使火车运输瘫痪了。

上例中用身体瘫痪和功能丧失来隐喻运输系统无法运作。

The loss of jobs is regarded by some as a necessary evil in the fight against inflation.

有些人认为要遏制通货膨胀就难免有人要失业。

fight 的本意是"打架、战斗",在这里用来比喻对抗通货膨胀的行为,即遏制。这种隐喻的表达方式使人们可以想象遏制通货膨胀是一件艰难且需要付出惨重代价的事情。

(五)反复

在商务文体中,适当地使用反复能够强调所表达的内容,从而引起话语接受者的注意。例如:

She is a leader: a leader in the workplace, a leader in her church, and a leader in the community.

她是领导:是工作上的领导,是教堂的领导,还是社区的领导。

上例通过对 leader 一词的四次复现来强调 she 牢固的领导地位,并将 she 的地位、形象深深地烙在了人们的心中。

Our stockholders will win. Our employees will win. And, best of all, our families will win.

我们的股东将会获益,我们的员工将会获益,另外,最让人高兴的是,我们的家族将会获益。

上例通过对 will win 的三次复现强调了必将获益的信心,同时也强调了获益人群的范围之广。

(六)倒装

在商务文体中,有时会利用倒装来强调和突出重点信息,如改变语序、倒装句子等。例如:

A sample of a similar cloth, of exactly the same color, which we have in stock, is enclosed.

Enclosed is a sample of a similar cloth, of exactly the same color, which we have in stock.

附上一块目前有现货的,颜色几乎一样的相似布料。

上面两句的意思相同,但使用的句型不同,表达效果也不同。第一句使用了正常语序,但由于主语过长,因而显得头重脚轻;第二句使用了倒装的语序,平衡了句子结构,使句子读起来更加顺口。

（七）委婉语

在商务活动中，经常会出现对方所提要求不合理，不能接受的情况。如果采用很直接的方式表示拒绝，就很容易损伤对方的面子，也使得双方没有回旋的余地，甚至会造成商务交际的失败。而使用委婉语修辞既可以达到否定的目的，又可以顾全对方的面子和心理。例如：

We request your immediate delivery. If the immediate delivery is not materialized, we regret that we are unable to accept your offer.

我们期望贵方能及时发货。假若不能的话，很遗憾，我们无法接受贵方的报盘。

上例采用了温和委婉的言辞，用 we regret 显然比直接说 we must refuse your offer 更加容易让人接受。

You are requested to make necessary amendment to the L/C and advice us by telex before December 3.

请对信用证做必要修改，并于12月3日前电告我公司。

上例中用 You are requested 而不是直接用 We request，即将买方放在重要的位置，而将 we 弱化到可以忽略不提，从而使语气更加婉转。

Unfortunately, we could not accept your offer. Your prices are prohibitive.

遗憾的是，我们不能接受你方报盘。你方价格过高，不敢问津。

上例用 could not 表达，使语气更加委婉，更易被接受。

（八）对比

在商务英语中经常会需要在一个句子的前后两部分或前后两个句子表达不同甚至截然相反的意思，而对比是表达或区别优与劣、好与坏、强与弱等的有效方法。因此，商务英语中经常采用对比这一修辞手法。例如：

Turnover increased. However, profitability fell.

营业额上升了，但是利润率却下降了。

While I know the good opportunity in the proposed investment, I fully realize the risks that may be involved in it.

虽然我知道所提议的投资是一次极好的机会,但我也充分意识到其中可能涉及的风险。

上述两句都采用了对比的手法,其中第二句是相同事物间的对比。

第三节 跨文化交际背景下商务英语翻译的具体策略

一、商务英语中翻译文化因素的标准

(一)忠实

忠实是翻译商务英语时必须遵循的首要原则。所谓忠实,就是指忠实于原作的内容。译者必须把原作的内容完整地表达出来,不得有任何篡改、歪曲、遗漏或任意增删的现象。这就要求,商务英语的翻译必须忠实于原文的信息,不能任意添加或删除信息。但需要注意的是,这里的忠实并不意味着译者必须将原文每个词语都翻译出来或逐字逐句地翻译,而是要求译文忠于原文的内容意旨和风格效果。例如:

Bank bonds are also popular because they have a short maturing and are currently offering an interest rate of 20% more than the average bank deposit rates.

译文1:银行债券也颇受欢迎,因为期限短,利息也高于银行的平均存款利率。

译文2:银行债券也颇受欢迎。因为它期限短,而且目前正提供高于银行平均存款利率20%的利息。

本例中,译文1遗漏了一个重要信息——are currently offering an interest rate of 20%,因此没有做到忠实于原文。而译文2没有疏漏任何信息,将原句含义完整地再现给了读者,做到了对原文的忠实。

(二)准确

商务英语文本往往涉及交际双方的利益,在翻译时必须做到准确无误,否则就会阻碍交易的顺利进行,甚至会制造摩擦、争端。要做到翻

译准确,译者首先要对原文有充分理解,其次要联系上下文语境来确定该词在文中的准确含义,然后用准确的词语将原文的含义表达出来。例如,shipment date 和 delivery date 从字面上看都意为"装货日期",但在商务交往中,这两个词表示的含义有细微的差异:前者指的是货物装船启运(离港)日期,后者是指货物的到货(到港)日期。译者如果不了解这一差异,就会产生误译,继而造成履约困难甚至引发纠纷。试比较下面四句话。

(1) Rout duties of the Joint Venture Company are to be discharged by the general manager appointed by the Board of Directors.

(2) Unless the claims are fully paid, ZZZ shall not be discharged from the liabilities.

(3) Subject as hereinafter provided, the Lay time allowed to Buyer for discharging a Cargo shall be seventy-two (72) running hours after the arrival of the vessel at the discharge port including Sundays and holidays

(4) The invalidation, cancellation or discharge of a contract does not impair the validity of the contract provision concerning the method of dispute resolution, which exists independently in the contract.

以上四个句子都含有 discharge 一词,但是在不同的合同条款中,其词义也有很大的区别。第一个句子的 discharge 是动词,意思为"履行";第二个句子的 discharge 是动词,词义为"免除";第三个句子的 discharge 也是动词,表示"卸货";第四个句子的 discharge 是名词,意思为"合约的解除"。了解了 discharge 在每个句子中的具体含义,我们可以将上述四句话分别翻译如下。

(1) 董事会任命的总经理,负责履行合营公司的日常职权。

(2) 除非这笔债款全部清偿,否则,乙方不能免除承担该债务。

(3) 在下列所列条件下,每船卸货时间为船舶抵港后 72 小时,含星期日和节假日。

(4) 合同无效、被撤销或解除,不影响合同中独立存在的有关解决争议方法的条款的效力。

(三)简洁

对于商业人士而言,时间就是金钱。商务活动的顺利进行往往意味着巨大财富。因此,商务用语具有简洁明了的特点,同样,商务英语翻译也应该做到这一点。但需要指出的是,简洁并不意味着译者可以随意删减原文信息,而是要求译者在抓住原文主要信息和强调重点的基础上,用最简明的语言表达出原文含义。例如:

Because of their low price and the small profit margin we are working on, we will not be offering any trade discount on this consignment.

译文1:我们经手的这批货物价格非常低,利润少得可怜,所以我们在这笔交易中不可能给你们提供任何的折扣。

译文2:鉴于本批商品价格低廉,利润微薄,本公司抱歉无法给予任何折扣。

译文1在语气上过于口语化,缺乏正式性,且行文烦琐,不符合商务用语的语言特点。译文2采用较为正式的语言,不仅言简意赅,而且风格也与原文相符。此外,商务英语的简洁性还体现为使用缩略词语上。例如:

THO(though)虽然,尽管
APPROX(approximate)近似的,大约的
BK(bank)银行
MEMO(memorandum)备忘录
IM(import)进口
PRO(professional)专业人员
BIZ(business)商业,业务,生意,交易
NU(new)新的
D/A,DA(Document against Acceptance)承兑交单
L.B.(long bill)远期票据,长期票据
NIC(National Information Center)国家信息中心
QS(quality specification)质量标准

（四）专业

商业交易的产品、服务、技术涉及多个领域。因此,商务文本中不可避免地会用到大量专业词汇和术语。对此,译者必须选择对应的专业词汇来翻译。要想做到这一点,译者首先必须熟练掌握相关的专业知识和商务知识,在翻译时选择精确的词语,合理组织语言,以专业表达方式对应专业表达方式。这样一方面做到了对原文的忠实,另一方面也保证了译文的专业性。例如:

This credit is available by beneficiary's draft (s), drawn on us, in duplicate, without recourse, at sight, for 100% of the invoice value, and accompanied by the following shipping documents marked with numbers...

本信用证凭受益人开具以我行为付款人按发票金额100%计算无追索权的即期汇票用款,该汇票一式两份,并须附有下列写上数字的装运单据……

这是商务信函中的一个典型句子,充分体现商务信函的语言特点,即句子简洁但信息含量很大。原文中大量使用专业词汇,如without recourse, at sight, for 100% of the invoice value 均为商业付款方面的专业术语及表达方式。通过译文我们可以看出,译者同样使用对应的专业词汇进行翻译,句子简洁连贯,意思表达准确,做到了与原文"语义"和"风格"上的对等。

（五）规范

商务英语的部分体式(如商务信函、商务合同等)在长期的使用过程中形成了较为固定的格式,翻译时必须注意格式上的规范,或与原文格式保持一致,或对原文格式进行调整,又或与目的语格式保持一致。总之要根据不同的体式进行不同的处理。

除格式上的规范以外,商务英语翻译在用语上也必须规范。这是因为,部分商务体式(如商务信函、商务合同等)在长期的发展过程中对某些含义形成了约定俗成的固定表达。对于这些固定表达,翻译时可直接套用目的语中的对应表达方式,以使译文语言显得更加规范。例如:

Dear Sir,

Thank you very much for your interest on our product.

In reply to your enquiry of November 10, we are sorry to say that we cannot divulge any of our sales information. We hope this will not bring you too much inconvenience.

Yours truly,
Alice Austin
(Secretary of the Administration)

敬启者：

承蒙贵方对我们的产品感兴趣，十分感谢。

兹复贵方11月10日询价函，我们非常抱歉地奉告，我们不能泄露我方的任何销售情况，我们希望这不会给贵方带来很多不便。

敬上
爱丽丝·奥斯汀
（行政管理部秘书）

这封信函格式规范、措辞严谨、语气委婉，因此译者也采用了同样的语言风格进行翻译。另外，在翻译"Thank you very much for..." "In reply to your..."等信函中的常用句式时，译者套用了汉语信函的固定表达方式，将其分别翻译为"承蒙贵方……十分感谢"和"兹复贵方……"，一方面增强了译文的正式感，另一方面也使译文符合汉语表达习惯，同时也体现出了商务信函的规范性。

二、商务英语翻译中处理文化因素的具体策略

（一）注重中西方文化差异

在商务英语翻译过程中，应明确文化语境所涵盖的价值观念、思维方式以及宗教信仰等不同因素，将不同要素有效连接为个体，保证个体根据文化不同而随之改变，充分适应文化的差异性，由此实现更高质量的英语交际。因此，商务英语翻译应重视中西方文化的差异，应尊重西

方文化及其思维方式,尽量避免翻译中出现"中式英语"。[①]

例如,秒表在英语中对应词组 Stop watch,在这里不能将其直译为 Second watch,不符合西方人思维习惯;谚语凸显了中国民族文化特色,中国人常将其用于语言表达中,对于谚语的翻译需要商务英语翻译者特殊注意。如"事实胜于雄辩",被西方翻译为 actions speak louder than words;"货真价实,童叟无欺"被翻译为 true and honest, no child is deceived 等。

(二)选择合适的翻译方式

商务英语翻译者注意以下几点。

(1)采用变通翻译与词类转换翻译,熟练掌握普通词汇在英语合同中的特殊含义。

(2)严格依据缩略词规范进行文本转换,可通过网上搜索查询方式、利用术语抽取工具、直接索要公司术语以及购买专业书籍的形式使专业术语及缩略词翻译准确。

(3)商务英语合同中通常采用多元套嵌结构,用以严格限定或描述语句话题,由此出现较多长句,过多的定语、插入语等成分对句子核心含义进行切割,需要翻译者具有足够的语义识解能力。

(4)采用变客为主以及转换视角等方法,处理被动语句翻译问题。

第四节　跨文化交际背景下商务英语翻译对译者的素质要求

一、译员需要具备的能力

"语言、知识、技巧"可谓是商务英语翻译中的三驾马车,要成为一

[①] 何丽丽.跨文化语境下的商务英语翻译策略分析[J].海外英语,2020(22):47-48.

名合格的商务英语翻译译员,三种能力缺一不可。

（一）双语能力

商务英语翻译中的语言能力是指双语能力。商务英语翻译人员处于交谈者之间,起着桥梁的作用,是必不可少的中间人。作为一名英汉商务英语翻译工作者,良好的汉语和英语功底是前提条件。通常中国译员 A 语为汉语,B 语为英语,一名合格的译员需要具备自由驾驭两种语言的能力,包括听辨理解、意思转换和表达能力。

（二）国际商务及相关知识

掌握两种语言是成为一名合格译员的基本条件。但仅掌握两门语言还不够,因为译者并不是机器,不是仅仅进行机械地转换,译者还应具有较宽的知识面,对商务领域知识均有所了解,懂一些商务行业的专门知识。

（三）敏捷的思维

商务英语翻译活动包含理解、转换和表达三个阶段,但译者并没有时间分别做好这三个阶段的内容,这也是其特殊性所在,尤其是同传口译,对于译员来说,在此过程中,译员要将这三个阶段的内容一次性的完成。译员在接收发言人的信息时是消极且被动的,所以要将所有的观点都接收过来,但译员在表达的时候是积极且主动的,所以要使用不同的语言将发言人所有的意思都表达出来。

（四）超强的责任心

无论是翻译的工作还是其他的工作,相关的工作人员都需要拥有良好的职业道德以及对工作的责任心,而译者的责任心主要体现在以下两个方面。

第一个方面为"忠实"。译者需要准确地将对方所表达的意思进行表明,无论使用哪一种翻译的方式,都要保证符合发言者原本的意思,不能私自在原意中添加内容或删减内容。同时,译者如果没有明白发言者的意思,不能凭借自己的感觉传译给对方,也不能装作自己明白了的样子,否则会对双方的交流产生一定的障碍和误会。

第二个方面为"尽职"。译者需要严格遵守职业道德。翻译活动是一种外事活动,译者的行为举止都和国家的形象以及机构的利益息息相关,不仅需要对国家的机密内容进行保密,对服务对象的机密内容也同样需要保密,绝对不能做出对国家造成危害的事情,也不能做出损害人格的事情。[①]

二、商务口译译员所具备的特质

(一)出众的记忆力

因为译员用于口译的时间很短,因此在记忆的过程中,译员只能将发言人的主要意思以及内容的大体框架记住,在表达的过程中,需要译员根据自己的记忆力将所有的内容连接起来,并流利地表达出来。在同声传译的过程中,译员需要边听边译,这对译员的要求已经很高了,在翻译的过程中有时可能还会遇到长难句,这对译员在记忆力上的要求就更高。所以,译员需要有出色的记忆力,还要学会忘记自己已经翻译完的内容,方便继续记忆新的信息内容。

(二)惊人的理解力

译员的理解力除对标准的语言表达的理解外,还表现在两个方面:一是译员应具备很强的语言适应能力,能够听懂由于发音不准所造成的很费解的讲话。二是并不是所有的发言人都用自己国家的语言进行表达,而这些人在说英语的时候会因自己国家语言的语音语调而带有严重的口音。例如,有一些国家的人在遇到 [t] 和 [d]、[r] 和 [l] 以及 [k] 和 [g] 时,并没有办法将这几个音区分开来,因此,译员在进行口译时,会遇到一定的障碍。如果是进行会议的口译活动,有一些有着较强理解能力的译员在会议开始之前,会通过和发言人的交流找到其发音的规律,从而

---

① 张宁,俞丽丽.译员素质再探[J].郑州航空工业管理学院学报(社会科学版),2010,(4):134-136.

减少口译时的难度；有一些有着丰富经验的译员，在会议开始之前如果没有机会和发言人交流，也会根据自己的经验以及知识储备，对发言人的内容进行分析，从而了解发言人想要表达的意思。而在面对带有口音的发言人的情况时，最有效的办法就是在平时的时候多加训练，尤其是练习发音不标准的内容。

还有一些发言人没有优秀的表达能力，在叙述时会比较语无伦次，这就要求译员有较强的理解能力，对发言人所表达的内容通过自己的理解进行整理并翻译，使译文变得通顺，富有条理和逻辑。

第三章 商务英语合同翻译与跨文化交际

随着经济全球化的发展和我国对外开放的开展,世界各国之间的经济往来日益频繁。一切商务活动的进行都离不开合同的签订,商务英语合同的好坏将直接影响交易双方或多方的利益关系,影响贸易的顺利进行,因此对商务英语合同的翻译尤为重要。但是由于英汉属于不同的语族,在词语、句子表达上呈现不同的特点,因此不得不考虑从跨文化的角度来对商务英语合同的翻译进行审视和探讨。

第一节 商务英语合同简述

合同对贸易双方的权利与义务进行了规定,其对于商务活动意义巨大。可以说,商务活动之所以能够开展,就是以合同的制定作为前提。因此,在国际商务活动中,商务英语合同非常重要。本节首先简述一下商务英语合同的基础知识。

一、商务英语合同的定义

对于英语中的 contract 一词,其源自法语词 contractus,在法语中,其含义是"契约"。对于这一词,其定义如下:

A contract is a promise enforceable at law. The promise may be to do something or to refrain from doing something.

翻译过来就是:所谓合同,即具有法律约束力的承诺,其可以保证可以做某事或者不可以做某事。也就是说,从法律上说,合同是平等主体的法人、自然人等之间建立的、变更的或者终止的民事权利与义务关系的协议。

在合同中,商务合同最为常见,是法人与法人之间为了实现某些明确的目的建立的一种权利与义务结合的文体。具体来说,商务合同应该是双方为了实现某些特定目标,可能是商品买卖,可能是技术转让,可能是工程承包,可能是国际投资等,采用文字形式,对具体的权利与义务进行确立,对债务关系加以确立。在商务合同中,国际商务合同是最为复杂的,也可以称为涉外合同。就一般而言,其指的是某种包含两国与两国以上业务的合同。

商务合同具有信息功能和祈使功能。商务合同主要规定当事人的权利和义务,一方面对当事人进行保护,一方面又对当事人进行约束,规定当事人可以做什么,不可以做什么,所以,商务合同的功能主要在于提供信息。同时,合同要求当事人履行义务,所以又具有祈使功能。

二、商务合同的种类

商务合同按不同的分类标准可划分为不同的类型。比如,按时间划分:长期合同、中期合同和短期合同;按合同的形式划分:条款式合同、表格式合同;按合同内容划分:购销合同、建筑工程承包合同、加工承揽合同、货物运输合同、借用电合同、仓储保管合同、财产租赁合同、借贷合同、财产保险合同、旅游劳务合同、科技协作合同、出版合同等。

(一)销售合同

销售合同是平等主体的自然人、法人、其他组织之间设立、变更、终止民事权利义务关系的协议。

销售合同有正本(original)和副本(copy)之分。它通常包含三个部分:首部(head)、主体(body)和尾部(end)。

(1)首部包括:
①合同名称。
②合同编号。
③签约日期。
④买卖双方的名称、地址、联系方式。

⑤序言。

（2）主体包括：

①货物名称及规格条款。

②生产商/制造商名称。

③货物品质条款。

④数量条款。

⑤单价条款。

⑥总值条款。

⑦包装条款。

⑧运输标志。

⑨装运条款。

A. 装运口岸。

B. 装运日期。

C. 目的口岸。

D. 离岸价格条款。

E. 成本加运费价格条款。

F. 装船通知。

G. 装船单据。

⑩支付条款。

⑪保险条款。

⑫检验及索赔条款。

⑬不可抗力条款。

⑭延期交货和惩罚条款。

⑮仲裁条款。

⑯附加条款。

（3）尾部包括：

①有效日期。

②所遵守法律（也可根据国际规定）。

③双方签名。

④合同备注。

（二）雇佣合同

找到一份理想的职位或聘任一个理想的员工并非易事，一旦谈好，就应该以书面的形式将聘任双方的职责、权益等规定解释清楚，得到法律的认可和保障，以免发生纠纷。雇佣合同就是为满足这个需要而产生的。

雇佣合同也有正本和副本之分。其首部、主体和尾部的构成分别如下。

（1）首部包括：
①合同名称。
②合同编号。
③签约日期。
④序言（雇佣关系）。
（2）主体包括：
①聘任关系缔结双方名称。
②聘任期限。
③受聘方工作任务细则条款。
④聘方义务条款。
⑤薪金支付条款。
⑥福利条款。
A. 保险。
B. 医疗服务。
C. 交通费用。
⑦合同有效日期。
⑧修改、终止合同条款。
⑨仲裁条款。
⑩附加条款。
（3）尾部包括：
①所遵守法律（也可根据国际规定）。
②双方签名。
③合同备注。

(三)中外合资经营合同

中外合资经营企业合同是指外国公司、企业和其他经济组织和个人,按照平等互利的原则,在中华人民共和国境内,同中国的公司、企业或其他经济组织所签订的共同举办合营企业的合同。它一般由中外双方投资者经过谈判达成,通常包括以下内容。

(1)总则。
(2)合作各方。
(3)成立合作经营公司。
(4)生产经营目的、范围和规模。
(5)投资总额与注册资本。
(6)合营各方的责任。
(7)技术转让。
(8)产品销售。
(9)董事会。
(10)经营管理机构。
(11)设备购买。
(12)筹备和建设。
(13)劳动管理。
(14)税务、财务、审计。
(15)合营期限。
(16)合营期满财产处理。
(17)保险。
(18)合同的修改、变更与终止。
(19)违约责任。
(20)不可抗力。
(21)适用法律。
(22)争议的解决。
(23)合同文字。
(24)合同生效及其他。

第二节　商务英语合同的语言特点

商务英语合同作为一种法律性的文件,其集合实用性、专业性等为一体,因此在语言方面,商务英语合同不仅涉及商务英语的特征,还会融合法律英语的特征,这就体现了商务英语合同的双重性。本节就来分析商务英语合同的语言特点。

一、词汇特点

合同英语的用词极其考究,具有特定性。具体体现在以下几个方面。

（一）多使用正式用语

合同英语有着严肃的风格,与其他英语文本有很大不同。现将一些常见的正式用语列举如表4-1所示。

表4-1　常见合同用语

合同用语	一般用语	汉语译文
approve, permit	allow	允许,批准
as from	from	自……日起
as per/ under/ subject to/in accordance with	according to	按照、根据
as regards, concerning, relating to	about	关于
assign/transfer	give	转让
authority	power	权力
by virtue of, due to	because of	因为
cease to do	stop to do	停止做
commence	begin	开始
construe	explain	解释

续表

合同用语	一般用语	汉语译文
convene	have a meeting	召集会议
deem/consider	think/believe	认为
in effect	in fact	事实上
in lieu of	instead of	代替
intend to do/desire to do	want to do/wish to do	愿意做
interim	temporary	临时
miscellaneous	other matters/events	其他事项
obligation, liability	duty	责任,义务
pertaining to/in respect to	about	关于……
preside	chair, be in charge of	主持
prior to	before	在……之前
purchase, procure	buy	购买
require/request	ask	请求,申请
revise/rectify	correct	纠正,改正
said	above	上述
supplement	add	添加,增加
terminate/conclude	end	结束,终止
variation/alteration/modification	change	改变,变更

(二)并列使用同义词和近义词

出于严谨考虑,商务合同允许同义词和近义词的重复出现。用 and 或 or 把两个或多个短语并列起来是合同用语的一大特色。例如:

Party A acknowledges and agrees that the technology it will receive from Party B during the term of this Contract shall be kept secret and confidential.

甲方承认并同意在合同期内由乙方提供的技术应属秘密。

(三)使用 may, shall, must, may not (shall not)

在商务英语合同中,上面几个词的含义分别解释如下。
may,对当事人的权利进行约定,即可以做什么的问题。
shall,对当事人的义务进行约定,即应该做什么的问题。
must,对当事人的义务进行强制,即必须做什么的问题。
may not (shall not),对当事人的义务进行禁止,即不可以做什么的问题。

(四)借用外来词

商务合同属于法律英语的一类,因此它也会有法律英语的一些特点,如沿用外来语。在商务合同中,比较常见的是拉丁语和法语。如下表:

词汇	来源	含义
pro rate tax rate	拉丁语	比例税率
pro bono lawyer	拉丁语	从事慈善性服务的律师
agent ad litem	拉丁语	委托代理人
force majeure	法语	不可抗力

二、句法特点

(一)频繁使用套语

作为一种正式文件,商务英语合同在表达上势必会运用一些固定的模式,长久下来,这些模式就成为约定俗成的表达与套话。常见的套语如下所述。

if... and to the extent
如果……及在……范围内
Beyond the control of...
超出……的控制范围 / 是……无法控制的
Including but without limiting...

包括但不限于……

(二) 主动语态表责任

为了突出责任人,当谈及当事人的义务时,常常使用主动语态,这样使责任和权利的划分更加明显。例如:

Party A shall bear all expenses for advertising and publicity.
甲方应承担所有广告和发布支出。

(三) 多用陈述句

为了保证商务英语合同语言表达的客观与真实,将贸易双方的责任、义务都能阐释清晰。在签订商务英语合同的时候,往往会运用陈述句。例如:

The Employer may require the Contractor to replace forthwith any of its authorized representatives who is incompetent.
雇方可以要求承包商立刻更换其不合格的授权代表。

第三节 商务英语合同中的跨文化交际因素

一、格式差异

随着商务活动逐渐向国际化、商务合同逐渐向规范化的层面发展,英汉商务合同的格式逐渐趋同。但是,毕竟英汉语言属于不同的语系,以及文化因素的影响,这就造成商务合同的格式存在明显差异,主要体现在当事人地址的表达上,商务英语合同的当事人地址是从小到大,而汉语中的则为从大到小。例如:

ADD: 24, JINGYU STREET, WUHAN, HUBEI, P.R. CHINA
地址:中国武靖宇路24号

二、词汇差异

商务英语合同往往会使用多个名词、连词、动词等,用来对当事人的权利义务予以强调,起到加强语气、明确语义的效果。商务汉语合同为了使行文简洁,往往在达意的情况下避免使用词语连用。例如:

Neither party shall, without sufficient cause or reason, cancel the contract.

双方无充足理由,不得取消该契约。

此外,商务英语合同中频繁使用名词化结构,即利用抽象名词来代替动词。这是因为,抽象名词可以将抽象思维的概念化和逻辑化表达得更为明确,从而保证了商务英语合同语体的正式化。相比之下,商务汉语合同却频繁使用动词,甚至商务英语合同中的名词化结构、名词等都可以用动词来表达。例如:

One of the most important factors is the smooth transmission of proceeds from the buyer to the seller in transactions.

其中重要的一点是,在交易中买方将款项顺利地转交给卖方。

第四节 跨文化交际背景下商务英语合同翻译的原则与策略

一、跨文化交际背景下商务英语合同翻译的原则

在商务活动中,商务英语合同的翻译非常重要。因此,为了避免出现贸易中不必要的损失,造成双方冲突,商务英语合同的翻译者就需要具备一定的翻译素质,采用恰当的翻译原则展开翻译,具体来说需要遵循如下几点原则。

(一)严谨原则

商务合同的专业性和兼容性,要求译者在翻译合同时,必须要把

"严谨"放在首位。尤其是合同中的法律术语和关键词语的翻译,比如,accept 在一般情况下译为"接受""认可",但在涉外合同中,这个词要译成"承诺",相应的 acceptor 和 acceptee 就要分别译成"承诺人"和"接受承诺人"了。再比如,net income 可译成"净收入",而 net profit 则应译成"纯利润",而不是"净利润"。再请看下面的例子:

The Contractor shall be responsible for the true and proper setting-out of the Works in relation to original points, lines and levels of reference given by the Engineer in writing and for the correctness, subject as above mentioned, of the position, levels, dimensions and alignment of all parts of the Works and for the provision of all necessary instruments, appliances and labor in connection therewith.

承包商应负责按工程师书面提交的有关点、线和水平面的原始参数如实准确地进行工程放线,且如上所述,负责校准工程各部分的方位、水平面、尺寸和定线,并负责提供一切必要的相关仪器、装置和劳动力。

在这个例子中,原文 true and proper 是近义词重复,中译文为了准确传达原文的语气,也使用了近义词重复,即"如实准确"。另外,该例原文中有些技术方面的术语,如 point、line、level、dimension、alignment 等,译文也在汉语中找到了相应的术语"点""线""水平面""尺寸"和"定线"。

(二)通顺原则

通顺是对译文的基本要求。尽管商务合同的条款比较繁复,但是译者在翻译时应首先弄清全文的条理,对各条款的制约关系仔细琢磨,吃透其实质含义。在不影响原文的条件下,应尽量使译文明确清楚、通顺易懂,长句、复杂句的翻译更是如此。例如:

If the goods are proven defective within the guarantee period stipulated in Article 15 for any reason, including latent defect or use of unsuitable materials, the Buyer shall arrange for a survey to be carried out by the General Administration and have the right to claim against the Seller on the strength of specification certificate.

根据第 15 条的规定:在保证期内如果发现货物有缺陷——包括隐性缺陷或使用了不合格材料——不论其系何种原因造成,购方可请总局进行调查,并有权根据检验证书的内容提出索赔。

(三) 正确性原则

英文合同中被动语态用得非常频繁,那么在译成中文时,往往要转换成主动语态;相反,中文合同在译成英文时,就要转换成英语的被动语态。被动语态中不表现出动作的发出者是谁,所以使语气显得客观,符合合同文体的特点。例如:

If any terms and conditions to this Contract are breached and the breach is not corrected by any party within 15 days after a written notice thereof is given by the other party, then the non-breaching party shall have the option to terminate this Contract by giving written notice thereof to the breaching party.

如果一方违背本合同的任何条款,并且在另一方发出书面通知后15日内不予以补救,守约方有权选择向违约方书面通知终止本合同。

上面例句将被动语态转换成了汉语的主动语态,使其符合汉语的表达习惯。同理,在将中文合同翻译成英文时,也要考虑到这一特点,转变成被动语态能使表达符合英文的措辞习惯。

(四) 完整性原则

商务合同的翻译一定要保持译文的完整性,绝不能只求保持原文与译文在词量上的对等,还要注意细节,特别是时间、数量等的细节。例如:

从4月1日起到10月20日止这一期间内交货,但以买方信用证在3月20前到达卖方为限。

Shipment during the period beginning on April 1 and ending on Oct. 20, both dates inclusive, subject to Buyer's Letter of Credit reaching Seller on and before Mar. 20.

译文中增译了 both dates inclusive 和 before 前面的 on,这是因为译者本着负责任的态度,做到了译文的完整,因为可以看出,交货期限是包括4月1日和10月20日的,而买方信用证到达日期也应包括3月20日,所以译者添上了有关字眼,完整地传达了原文的信息。尤其在中译英时要注意在英文中使用双介词界定时间,因为合同涉及双方的利益,在日期界定方面要注意使用英文双介词,即在英译文中包含当天日期在内,这样显得严谨。

二、跨文化交际背景下商务英语合同翻译的策略

(一)句子的翻译策略

1. 一般句子的翻译方法

在商务英语合同的句子翻译中经常用到转换翻译。转换翻译法指的是将句子中的主语、宾语等进行词性的转换,使其更加符合译文的表达习惯。例如:

Partial shipments shall be allowed upon presentation of the clean set of shipping document.

可以允许分批发货,但需提出一套清洁的装运单据。

原文中的主语 shipment 在译文中转换动词,原文中修饰主语的 partial 转化为状语。

2. 从句的翻译方法

(1)分译法

用分译法进行翻译时,可以重复先行词,也可用"该""其"等字来表示省译的内容。例如:

The Seller ensures that all the equipment listed in Appendix one to the Contract are brand-new products whose performance shall be in conformity with the Contract and which are manufactured according to current Chinese National Standards or Manufacturer's Standard.

卖方保证本合同附件一所列全部设备都是新产品,是根据现行的中国国家标准或生产厂的标准制造的,其性能符合合同规定。

(2)合译法

在定语从句中限定词与先行词之间的关系非常密切,因此翻译时,经常采用合译法进行翻译。例如:

Party B guarantees that the technical documents to be supplied by

Party B are the latest technical information which has been put into practical use by Party B.

乙方保证所提供的技术资料是乙方经过实际使用的最新技术资料。

（二）被动语态的翻译策略

1. 转化译法

转化译法指的是将句子中的宾语、主语以及动作的发出者进行转译。例如：

All the payments shall be made in the U. S. Currency by the Buyer to the Seller by telegraphic transfer to the Seller's designated account with the Bank of China, Beijing, China.

买方应以美元支付卖方货款，并以电汇的方式汇至卖方指定的在中国银行北京分行的账户。

2. 固定译法

"It is + p.p.+ that clause"结构以及一些特殊句式的翻译已经成为一种固定的模式。例如：

It is strictly understood that the number of employees to be trained by the Contractor at any one time shall no more than（...）.

严格明确承包商任何时候所训练的雇工人数不得超过（……）人。

第四章　商务英语信函翻译与跨文化交际

商务英语信函是一种正式的书面文体,是国际贸易活动中最重要的交流方式之一。符合英汉思维方式及文化传统的、语言得体的信函会促进交易的完成。反之,则会导致误解,造成交易困难。商务英语信函非常正规、严肃、严谨,专业性很强,具有很强的针对性和目的性,所以在翻译商务英语信函时,既要符合基本的句法和词汇特点,又要表达出具体的特定内容。

第一节　商务英语信函简述

一、商务信函的界定

商务信函(又称作商务书信)就是商务环境下的个人、部门或公司,为了传递信息、建立业务关系、推销产品、维持感情等,写给其他公司、客户、顾客或合作伙伴的信件。其具体形式可包括传统的纸质信件、备忘录、电子邮件等。

目前,由于互联网的普及,绝大多数情况下商务人士使用电子邮件,或通过电子邮件发送备忘录,而很少通过纸质信件与其他人沟通。

二、商务信函的种类

商务英语信函包括:建立贸易关系,询价及回复,报价、推销信、报盘及还盘,接受和回绝订单,售货确认书及购货合同,支付,包装,装运与保险,申诉索赔和理赔等。限于篇幅,下面选取一部分展开分析。

（一）询盘信函

询盘信函一般在开头要有简短的自我介绍，同时说明获知对方产品信息的渠道，当然如果之前已有联系，此部分省略。让对方了解自己以及本地市场情况，表明需求，询问价格，索取样品或产品目录，最后根据交易情况提出折扣等要求。询盘信函的重点是引起对方兴趣，得到回复以便进一步商榷价格等交易事项。

1. 基本概念

（1）询盘的定义

询盘（inquiry）也叫询价，其作为交易的最初环节，指交易的一方（购买或出售某种商品的人）向潜在的供货人或买主探寻该商品的成交条件或交易的可能性的业务行为。询盘的内容可能涉及价格（price）、规格（specification）、品质（quality）、数量（quantity）、包装（package）、装运（shipment）、索取样品（sample）、支付方式（terms of payment）以及折扣（discount）等。请注意询盘信函并不具有合同的性质，所以不具备法律上的约束力。

（2）询盘信函的种类

询盘信函可以分成两种：第一种是只询问价格，索取商品目录（catalogue of goods）或样品，被称为一般询盘（General inquiries）；另一种则是询问特定商品的各项交易条件，被称为具体询盘（Specific inquiries）。

（3）询盘信函的组成部分

询盘信函由三部分组成：开始部分（the start）、正文部分（the body）和结尾部分（the conclusion）。开始部分通常要简单介绍己方业务（who I am），让对方有一个基本了解。同时要介绍是通过什么渠道知道对方的（how do I get to know you），还要说明自己写信的目的（why do I write），也就是要说明究竟想做哪些具体商品的交易。这三方面的信息都可以有，但不一定都包括，应该根据具体的交往情况而定。

2. 询盘信函经典表达方式

（1）开始部分

①自我介绍

第一，商家在做自我介绍(who I am)时，为了突出商家在行业中的地位，商务信函撰写者可以适当地使用能够有效地展示自己身份的短语。例如，the greatest distributor（最大的经销商），exclusive distributor（独家经销商），the leading retailer（重要的零售商），a well-established retailer（知名零售商）等。例如：

We are the greatest distributor of household electrical appliances in China and we have enjoyed a wide popularity in the world market.

我公司是中国家电经销商，在世界各地都享有盛誉。

第二，商家在介绍自己经营范围时，经常使用下列短语：deal in, specialize in, engage in。deal in 这个短语只能用主动语态，作定语时用现在分词。specialize in 和 engage in 两个短语多用于被动语态，作定语时用过去分词。例如：

We are dealing in retail trade of electrical appliances. We would be interested in...

我公司是一家家用电器零售商，有意购买……

第三，商家在介绍公司总部及其他经营地点时可以用下面的句型"...based in...with..."。强调公司具体的地理位置可以用 located in 或 lie in。base 有"基地"的意思，可以指公司的总部或基地。例如：

We are a well-established retailer based in Hong Kong, with outlets throughout China.

我公司是一家知名零售商，总部在香港，在中国各地都有经销点。

outlet store, factory outlet 和 best saving outlet 三种说法意思基本相同，是工厂通过各自的品牌店向顾客直接销售商品的零售商店。传统的直销店都是紧邻工厂的仓库，现在这些商店大部分都集中在处理品商店购物中心，也可能是网上直销。

综合上面的信息，这家公司的完整介绍句如下：We are a well-established retailer based in Hong Kong, with outlets throughout China, engaged in the export of Chinese Arts and Crafts goods.

②了解对方的渠道

公司通常可以通过以下几种渠道来了解对方的信息(how do I get to know you)。

第一,报纸、杂志、电视广告以及互联网等媒体是最普遍、最有效地获得对方信息的方式。例如:

From the March 8 issue of the *International Business Daily* we have learned that you are in the market for chinaware.

我们从国际商务日报三月刊上了解到贵公司想购买瓷器。

第二,美国著名作家萧伯纳曾经说过"如果你有一个苹果,我有一个苹果,彼此交换,我们每人仍只有一个苹果;如果你有一种思想,我有一种思想,彼此交换,我们每人就有了两种思想。"这句话道出了朋友的重要性。朋友和生意伙伴也是获得对方消息的重要方式。例如:

As we have learned from Zhong's, our business associate, you are manufacturers of cheese products in America.

从我们生意伙伴忠氏集团那里了解到你们是美国一家奶酪制品生产商。

第三,交易会也是一种常见的获知商品渠道。Canton fair 中国进出口商品,即广州交易会,简称广交会,创办于1957年春季,每年春秋两季在广州举办,迄今已有六十余年历史,是中国目前历史最长、层次最高、规模最大、商品种类最全、到会客商最多、成交效果最好的综合性国际贸易盛会。自2007年4月第101届起,广交会由中国出口商品交易会更名为中国进出口商品交易会,由单一出口平台变为进出口双向交易平台。例如:

We were impressed by the selection of your products displayed at your stand at the fair/exhibition held in Guangzhou.

贵公司在广交会展厅里展出的商品给我们留下了深刻印象。

③写信目的

自我介绍的最后部分应该交代信函的目的(why do I write),是有意购买对方的产品或是有意与对方建立业务往来等。例如:

We are very much interested in your goods, and would appreciate your sending us your catalogue and two sample books.

我们对你们的产品非常感兴趣。请给我们发来您的产品目录,并且如果可能再寄两本样书。

另外,在写信函的目的时,如果提到对方的名字或与其相关的信息,应用赞扬的语气,如"a reliable supplier"(可靠的供应商)、an established manufacturer(知名的生产厂家)等。

We look for a reliable supplier for PP strapping band in rolls for our automatic packing machinery.

我们想找一家信誉好的供货商,购买自动打包机用卷装聚丙烯塑料打包带。

(2)正文:询问信息

询盘信函正文部分通常要包含下面一些信息:价格、折扣与优惠、产品的具体信息、邮寄样品与产品目录以及邮寄方式等。当然并不是每封信函都要包含所有的信息,可以根据需要选择相关信息。

① 询价的表达方式及句型

第一,询价常用句型:Please quote/submit/send...price FOB/CIF/CFR + 地点名价格。FOB 离岸价,CIF 到岸价,CFR 成本加运费。例如:

We are interested in your chinaware. Please quote your best offer price CIF New York in US dollars.

我们对贵公司的瓷器非常感兴趣,请报最低纽约到岸价(美元)。

ware 有"器皿,制品,器具,货物"的意思,它还可以和许多不同的词搭配出其他各种意思。

第二,表达方式要准确。在强调价格便宜时,不能用 cheap。因为 cheap 有"廉价不好"之意。competitive 和 reasonable 则更有"物美价廉之意"。表示动词"定价"时,还可以用动词短语 be priced at。例如:

If the prices quoted are competitive, and the quality up to standard, we will order on a regular basis.

如果你方报价低,质量达到标准,我们会长期订货。

order on a regular basis 是经常性订货的意思,如后一句改为 a regular order will follow 则会显得更客气更谦卑,更符合 courteous 礼貌原则,就是商务英语的"7C"原则之一。

② 折扣与优惠

第一,关于询问折扣的一些名词的表达方式有行业折扣(trade discount)、数量折扣(quantity discount)、现金折扣(cash discount)和店庆或节日折扣(anniversary discount)、批发折扣(distributor discount)、百分之二十的折扣(20% discount)等。动词表达方式有

grant/quote/allow/give sb. the... discount, deal on a... discount basis 等。例如：

We should like to know what discount you can allow us for an order for more than 1,000 boxes.

我们想知道订货超过1 000箱的折扣是多少。

第二，优惠的常用词为concessions，通常与动词meet连用。其常用短语有：as a concession（作为一种优惠），to qualify for a concession（有资格获得优惠）等。例如：

If the concessions we asked for could be met, we would certainly place a substantial order.

如果能给我们优惠，我们会大批订货。

③产品规格、对方信息的表达方式

商务信函中还可以了解关于产品和厂家的一些具体信息。例如，产品规格（specifications）、质量（quality）、量（quantity）、公司介绍（company introduction）、生产能力（production capacity）以及其他交易条件等。例如：

We are interested in buying raw MDF（Medium Density Fiber）sheets（size 1220×2440×18mm）. The monthly requirement would be approximately 15,000 to 20,000 sheets. Please respond with your company introduction, production capacity, and your best prices（CIF Dubai）along with other terms/conditions.

我们想购买1220×2440×18的中密度纤维板材，月需要量大约1万5到2万张，请惠寄贵公司介绍、产能情况、最低都拜到岸价以及其他交易条件。

④邮寄样品、运输信息以及价格等资料

要求邮寄资料常用句型：Would you please send me a sample of...；It will be appreciated if you could send us... 西方人经常是委婉客气地向对方提出要求，这一点也适合于商务英语信函。上述两种表达方式比较委婉、客气、礼貌。例如：

Would you please send me a sample of the fishing tackle you advertised in your October 3 letter, along with price and shipping information? As a long time retailer of fishing tackle, I am especially interested in any items you might have for fly fishing.

我们对于贵公司 10 月 3 日信函中介绍的渔具很感兴趣,贵公司是否可以给我们函寄一件样品以及运输和价格方面的资料?我公司长期零售渔具,对于飞蝇钓渔具尤其感兴趣。

"As a long time retailer of..." 还可以用句子 "we are dealing in the trade of...for many years" 来表达。fish tackle 渔具;fly fishing 飞蝇钓;飞钓;蝇钓。飞蝇钓是发源并流行于欧美的一种钓鱼方法,由于钓者在钓鱼过程中钓线舞动优美而获得"钓中舞者"的美名。

一般来说,产品目录是可以随便给的,为的就是宣传公司产品。但样品可是要花钱的,出于成本考虑,一般公司不会随意给样本。所以在索要样本的时候一定要表达出足够的诚意,接下来的例句足以说明这点。例如:

It will be appreciated if you could send us some brochures and samples and quote your lowest prices, CIF European ports.

烦请惠寄产品资料和样品,以供我方参考,并请报你方最低欧洲抵岸价价格。

brochure 手册;CIF European ports 欧洲到岸价;可能有读者纳闷,欧洲港口是具体到哪个港呢,其实因为欧洲的港口并不多,而且货船到哪个港口的价格也都差不多。

⑤邮寄方式

TNT 快递是全球最大的快递公司之一,在欧洲、中东、非洲、亚太和美洲地区运营航空和公路运输网络。每天递送百万件包裹、文件和托盘货物。

其他著名的快递还有 UPS 快递(United Parcel Service),UPS 在 1907 年作为一家信使公司成立于美国华盛顿州西雅图,是一家全球性的公司,其商标是世界上最知名、最值得景仰的商标之一。它是世界上最大的快递承运商与包裹递送公司,同时也是运输、物流、资本与电子商务服务的领导性的提供者。

DHL 是全球著名的邮递和物流集团 Deutsche Post DHL 旗下公司,主要包括 DHL Express、DHL Global Forwarding, Freight 和 DHL Supply Chain 等。例如:

I will appreciate it if you could send us your complete brochure and catalog with assorted samples via TNT Express Worldwide.

如能通过 TNT 寄来完整的产品手册,目录及样品,我方将不胜感激。

⑥进货试销

厂家一般不喜欢试销,产品退来退去很麻烦,但如果产品性价比确实很好,而在市场又没有打开的情况下,厂家很可能会通过试销来扩大市场,以提高销量和知名度等。stock a selection 字面上的意思是选一批货存着,也就是进货试销的意思。例如:

As we are not certain about customers' reaction, we would prefer to stock a selection on an approval basis for three months.

我们对客户的反应没有把握,但如果贵公司同意,我们想试销3个月。

(3)结论

信函结尾通常都是表达希望对方考虑报价、与对方建立良好业务关系或希望早日收到对方回复等。常用短语:a good start for...(良好开端……), to one's mutual benefit(互惠), give the enquiry prompt attention(尽快考虑)等。例如:

We hope to receive the above information and trust we can do business to our mutual bencfit.

希望尽快收到上述资料,相信能与贵方进行互惠交易。

(二)发盘信函

发盘(offer)或报盘(quotation)可以是应对方的询盘邀请发出的,也可以是商家直接向对方发出的有关产品交易条件的信函,其内容可以包含商品名称、规格、数量、包装条件、价格、付款方式和交货期限等。通常是以广告、传单、信件或回应询盘的方式发出。

1. 基本概念

(1)发盘定义

发盘(offer)或报盘(quotation)是交易的一方为了销售或购买一批商品,向对方提出有关的交易条件,并表示愿按这些条件达成一笔交易,这种意思表示的行为称作发盘。

(2)发盘分类

商家在报盘时可以不留任何谈判空间的陈述价格和折扣,也可以暗示客户回信商谈价格和折扣,这是报盘的两种方式,也就是我们常说的实盘(Firm Offer)和虚盘(Non-firm Offer)。

实盘是发盘人承诺在一定期限内,受发盘内容约束,非经接盘人同意,不得撤回和变更;如接盘人在有效期限内表示接受,则交易达成,实盘内容即成为买卖合同的组成部分。一个完整的实盘应包括明确肯定的交易条件,如商品名称、规格、数量、价格、支付方式、装运期等,还应有实盘的有效期限,并应明确指出发盘为实盘。

虚盘是发盘人所做的不肯定交易地表示,凡不符合实盘所具备的条件的发盘,都是虚盘。虚盘无须详细的内容和具体条件,也不注明有效期。它仅表示交易的意向,不具有法律效力。

(3)发盘一般内容

就具体内容而言,发盘与询盘的差异还是很大的,可以细化为以下四个方面的内容。

①感谢对方来函

明确告知已经收到对方关于某种商品的询盘来函,但直接说已经收到对方的询盘来函(We have received your inquiry...)会显得不太礼貌,一般都在句子前面加上 thank you。例如:

Thank you for your inquiry/letter made on April 1 asking for our autumn range of products.

谢谢您4月1日的来函咨询我们秋季系列产品。

②阐明交易的条件

交易条件主要包括品名、规格、数量、包装、价格、装运、支付、保险等方面的内容。例如:

For the Butterfly Brand sewing machine, the best price is USD 79.00 per set FOB Tianjin.

蝴蝶牌缝纫机最低报价是每台79美元(天津港离岸价)。

③声明发盘有效期或约束条件

在陈述发盘有效期或约束条件时,经常使用短语 subject to 意为"必须遵守",subject to a rule/law/penalty/tax 意为"必须遵守规则/必须遵守法令/必须缴纳罚款/必须缴纳税款"。例如:

In reply we would like to offer, subject to your reply reaching us before April 5.

回应贵方的询盘,如果在4月5日之前收到贵方回复,我们的报盘就有效。

subject to 中的 to 为介词,后接名词或动词的 -ing 形式。

2. 发盘的语篇建构

发盘的语篇结构与询盘的语篇结构大致相似,同样也是三段式结构,由开头、主体、结尾三部分组成。

(1)开头

因为发盘可以是应对方的询盘邀请发出的,也可以是商家直接向对方发出的,所以报盘可以有两种开篇方式:一是对对方来函的致谢;二是介绍本公司在行业中的地位以及其他与交易相关的本公司一些信息。致谢常用句型:Thank you for your letter of...enquiring (asking for information) about...(感谢你的来信……询问有关……信息),We would like to thank you for your letter of... enquiring (asking for information) about... 等。介绍公司的句子结构很多,下面是一些典型例句。

We have long been recognized as one of the leading manufacturers of domestic heating products, with over 60 years' experience in the design and innovation of heating appliances.

我们长期以来一直被公认为国内领先的家用电暖器制造商之一,有60多年的产品设计和创新经验。

We have been in this line of business for at least 60 years and have an excellent reputation amongst our clients due to our high quality, competitive prices and timely deliveries.

我们在这个行业已经做了60年。因为产品质量好、价格有竞争力并且能及时交货,所以在客户中有良好的声誉。

(2)主体段落

主体段落通常涉及品名、规格、数量、包装、价格、装运、支付、保险等方面内容。

①提供所需的材料

商务英语信函提及所提供的材料(providing requested materials)时,经常使用 enclose,意思为"随函/信附上",一般都是比较小的物件,可以说 We are pleased to enclose...(我们很高兴附上……), Enclosed you will find...(随信附上……), We are enclosing...(随信附上……)

等等。如果东西比较大时,经常使用 send 一词,可以说 we are sending you...in separate mail/post(我们另寄给你……)。例如:

We are pleased to enclose our booklet on the model 238. You will find that it is one of the finest machines of its kind.

我们很高兴附上238型号使用说明册,你会发现它是同类产品中最好的机器之一。

Please find enclosed our current catalogue and price-list quoting CIF prices Tianjin.

请随函附上我公司最新产品目录和价格单(天津到岸价)。

Please find enclosed the particulars of our bed covers and note that these can be adapted to your specifications.

请查收随函附上床罩的详细资料,这些床罩可以按需定做。

②关于折扣的信息

贸易折扣是商家提供给某一业务领域买家的折扣(Trade discount may be offered to companies in the same line of business.);数量折扣是买家订货超过一定数额所获得的回扣(Quantity discount may apply to orders over a certain amount.);现金折扣是鼓励客户以现金支付而提供的折扣(Cash discount is offered to encourage customers to pay in cash);而所谓的 anniversary discount 是年庆折扣,一方面是为了店面本身宣传造势,另一方面更主要的目的还是增加营业额。

在给对方折扣时,通常不用 we 来做主语,用 we 作主语常常给人一种盛气凌人的感觉,不够礼貌。如果用折扣来作主语就显得更加客观、语气和善很多,对方不会有被施舍的感觉。另外,折扣不宜过高,如果超过30%就有点偏高了,22%~25%的折扣一般来说是比较合理的。

一般说到折扣,中国人喜欢用大数字,而英语国家的人喜欢用小数字,如9折=10% discount。

在国内,商家喜欢用双十一的噱头来吸引人眼球,赚个盆满钵满。那么国外呢？其实也会有类似的情况,如美国的全民抢购日：Cyber Monday 网络周一(感恩节假期之后的第一个上班日网购促销活动),还有年底压轴的 Christmas,都会有大折扣。例如：

We allow a 30% quantity discount on purchases of not less than 50 of the same model, and 35% on quantities of not less than 100.

购买不少于50个相同型号产品,我们提供30%的数量折扣。购买不少于100个相同型号产品,我们提供35%的数量折扣。

例句中有两处不妥:We allow a 30% quantity discount 句中用 we 做主语给人一种盛气凌人、施舍别人的感觉。30%和35%的折扣就有点偏高了,22%~25%的折扣一般来说是比较合理。改写句就比较客观,没有个人的感情色彩,而且所给的折扣也在合理范围之内。应改写成:

A 20% quantity discount on purchases of not less than 50 of the same model, and 25% on quantities of not less than 100.

We regret to report that an 18% trade discount on FOB prices is not granted. We work on quick sales, fast turnover and with small profit margins.

很遗憾,我们无法接受离岸价18%的贸易折扣,我们是薄利多销。

turnover 在这个例句中有"营业额,流通量"之意,也有"员工流失率/置换率"的意思;profit margin 意为"薄利";quick sales/fast turnover and/with small profit margins 是"走销量"的意思,即为"薄利多销"。

③价格信息

根据报价所含内容不同,可以采用不同的报价方式。FOB(离岸价,包括货装上船为止的一切风险)、CFR(成本加运费)、CIF(到岸价,包含保险在内的所有的费用),这三种缩写是商务信函中经常出现的三种出口报价方式。用法为 FOB、CFR、CIF + 地点(港口名称)。例如:

The prices quoted are ex-works, but we can arrange freight and insurance if required, and unless otherwise stated, payment is to be made by 30-day bill of exchange, documents against acceptance.

所报价格是按出厂价,但如果需要,我们可以安排运费和保险。除非另有说明,付款方式为30天汇票,承兑交单。

④提供额外信息

额外信息(additional information)可以包括回答对方提出的问题、介绍公司相关原则及产品等。补充额外信息往往能展现企业的热情和敬业态度,客户会感觉到卖家的诚意,会觉得卖家很友好。切记不必面面俱到。常用句型有 We would also like to inform you …, Regarding your question about …, In answer to your question(enquiry)about …, We have enclosed our prospectus as you had requested, but would like to point out that…, We offer a …guarantee 等。例如:

Any size can be done as per the request. You will find our goods high in quality, competitive in prices and you will enjoy our timely delivery as our other buyer have found over the past 60 years.

可以根据您的尺寸需求定做。在过去的60年里，其他买家都感受到了我家产品质高价廉，而且送货及时。

⑤支付条款

外贸出口主要的付款（terms of payment）分为三种，信用证 L/C（Letter of Credit），电汇 T/T（Telegraphic Transfer），付款交单 D/P（Document against Payment）。其中 L/C 用得最多，T/T 其次，D/P 较少使用。例如：

第一，信用证（Payment guaranteed by a letter of credit）。例如：

10% of the contract value shall be paid in advance by cash, and 90% by sight draft drawn under an L/C.

10%的合同金额预先用现金支付，余下90%用即期汇票信用证支付。

第二，汇款（Remittance）。例如：

All payments are to be made by SWIFT transfer 45 days after receipt of invoice.

所有付款要在收到发票45天后通过 SWIFT 汇出。

SWIFT（Society for Worldwide Interbank Financial Telecommunications）——环球同业银行金融电讯协会，是一个国际银行间非营利性的国际合作组织，总部设在比利时的布鲁塞尔，同时在荷兰阿姆斯特丹和美国纽约分别设立交换中心（SWIFT center），并为各参加国开设集线中心（National Concentration），为国际金融业务提供快捷、准确、优良的服务。SWIFT 运营世界级的金融电文网络，银行和其他金融机构通过它与同业交换电文（Message）来完成金融交易。除此之外，SWIFT 还向金融机构销售软件和服务，其中大部分的用户都在使用 SWIFT 网络。

第三，付款交单（Documents against Payment）。例如：

In view of the small amount of this transaction, we are prepared to accept payment by D/P at sight.

鉴于这笔交易数额较小，我们同意即期付款交单。

⑥交货信息

例如：

Delivery is to be made within 6 weeks after receipt of your order and payment is to be made by irrevocable L/C payable by sight draft.

收到贵方订单后6周内发货，以不可撤销即期信用证支付货款。

⑦包装

关于包装(packing)，大家把一些固定的常用的句型和一些专有名词掌握好，再根据实际的情况把具体内容逐一加进去。和包装相关的一些专有名词如：the captioned contract（合同中已有说明的；本合同所涉及的）；pallet（货盘）；Full Container Load（FCL整柜装箱）；container（集装箱）；On the outer diamond（菱形框）；stenciled（用模板印制）；KEEP DRY（保持干燥；勿使受潮）；USE NO HOOK（请勿用勾；不可用钩）。例如：

The goods are to be packed in plastic woven flexible bags lined with plastic film, 20 pieces in a bag.

这批货物用有塑料薄膜内衬的编织袋包装，每袋装20件。

（3）结尾

发盘信函结尾（closing a letter, hoping for future business）常用句子有：

We look forward to hearing from you soon.

期待尽快收到回复

Please kindly confirm the present offer by fax

请发传真确认当前的报价。

当然也可以用希望与对方进一步协商或希望对方订货的句子来结束发盘信函。例如：

We hope our offer meets your requirements and will result in an appropriate order. Your prompt reply will be appreciated.

希望我方报盘符合贵方要求，如能及时答复将不胜感激。

第二节　商务英语信函的语言特点

一、词汇层面

商务英语信函要求表述专业规范,条理清楚,思维缜密,逻辑清晰,词汇的选择必须遵守"7C"原则。

(一)词汇选择标准

1.选择商务英语专业词汇

商务英语具有较强的专业性。在商务英语信函翻译的过程中,如果想要对方准确地理解信函的内容,就必须使用对等的、标准的专业术语。例如:

They have cut the access fee long-distance providers pay to local phone companies.

他们已经削减了长途电话供应商向本地电话公司支付的使用费。

英文句子中的 access fee 是商务英语专业词汇,意为"使用费",不可以写成 the fee of using the cable。

2.选择礼貌性的词汇

礼貌原则是在撰写商务英语信函时必须遵守的一个重要原则。尤其是由于对方的失误而引起一系列问题或困难时,也要尽可能选择礼貌性地语言。这样更有利于问题的解决,不至于激化矛盾,导致交易失败。例如:

You ignored our request that you return the report by registered mail.

你忽略了我们的请求,通过挂号信寄回报告。

We did request that you return the report by registered mail.

我们确实要求用挂号信寄回报告。

第二句中的表达方式更容易让人接受。第一句中的用词 ignored 明显有指责对方的意思。第二句"我们确实要求用挂号寄返回报告",既说明了自己没有过错,又委婉地指出了对方的问题。

3. 商务英语多用替代词和缩略词

大多数商务英语的专业术语都有自己的缩略形式。例如:
FIO=free in and out(自由进出)
fin.yr.=financial year(财政年度)
F. A =freight agent(货运代理行)
HSCPI=Hang Seng Consumer Price Index(恒生消费价格指数)

做英汉翻译时,多采用缩略形式。另外,在英语中为防止同一名词反复出现,多用代词指代前文所提到的名词。

我们想订购50套柳树图案的茶具。如果柳树图案的缺货,请勿发替代货物。

We are placing with you an order for 50 sets of tea sets with willow patterns. Please do not send substitutes if they are not available from stock.

英译中的 they 当然就是指的 willow patterns。汉语原句中重复了柳树图案一词,但在英语里必须用代词 they 来替代。如果像汉语那样重复原词,就不符合地道的英语表达习惯。

(二)规避词汇原则

崇尚个人主义的西方人对与性别、年龄、身高、体重、相貌、种族等方面有关的问题都非常敏感,不允许用工单位有招工歧视的行为,任何限制性的招工启事都是不合法的。个人简历也是不要求附照片的,甚至可以说,附照片的简历会被认为是非常奇怪的。用人公司绝不会从一个人的外貌判定这个人是否符合公司的职位需求。这一点也体现在语言的使用上,所以在做商务英语翻译时应该尽量规避能够产生歧视和歧义的词汇。

1. 避免使用性别歧视的词汇

历史上,对妇女的歧视在语言上也有所体现,然而随着社会的发展和人们意识水平的提高,这种状况逐渐地得到了改善,语言也在随之变化。在现代英语中既有 policeman,又有 policewoman, chairman 和 chairwoman 等。最为典型的则是反义疑问句的使用,当主语泛指人时,其问句部分可以用 are they 或 aren't they。另外,英语单词 he 既可以指男性也可以指女性。例如,He who laughs last laughs best(谁笑到最后谁笑得最好)。现在越来越多的人对此提出抗议,认为 he 的使用对女士构成了性别歧视。在翻译中我们应该避免使用这一类有性别歧视的词汇。

2. 避免种族歧视的词汇

把某个特征加在某个种族人群上很不公平,因为即使是同一种族,人与人之间的差别也是巨大的。种族没有贵贱之分,所有的种族都是平等的,奥巴马成功地当选美国总统就是很好的例证。"黑人总统奥巴马"这一表达方式就表明了对黑人的种族歧视,暗示了黑人是一个劣等民族,能出一位总统是一件非同寻常的事。这也就是我们从未听过"白人总统克林顿"这种说法的原因,在我们心目中,美国的总统理所当然地就应该是白人。例如:

The new line is very popular in the low-income areas of the city, according to our survey of 200 African-American families.

根据我们对 200 个非洲裔美国家庭的调查,这款产品在城市的低收入地区很受欢迎。

这句话相当于把"African-American families"与"low-income areas of the city"二者等同起来,无疑会使人们联想到美国黑人都很穷,有种族歧视的迹象。

3. 避免使用年龄歧视的词汇

年龄歧视可能是有意为之,但发生在我们身边的年龄歧视大多是偶发的。几年前,Facebook 总裁马克·扎克伯格(Mark Zuckerberg)在斯坦福大学举行的一次活动上,对观众说:我想强调年轻和技术的重要性。年轻人更聪明。这句话引起了轩然大波,硅谷年龄歧视的话题成为各大媒体讨论的焦点,当时的各种批评声甚嚣尘上。为了避免产生这样的问题,在商务英语翻译中,我们应该尽量避免使用 young, old 等这一类界限不清、概念模糊、容易产生年龄歧视的词汇。例如:

Old citizens are entitled to free bus rides in the city.

Citizens above 65 years old are entitled to free bus rides in the city.

两个句中的 old 含义可不一样。第一句中的 old citizens 指老人，有年龄歧视之嫌。第二句中的 old 只是指具体的年龄。在英美文化背景下，谁都愿意年轻或看上去年轻，七八十岁了还有很多人在工作，五六十岁还被认为是年轻人。所以在这种情况下，使用具体的年龄比泛指老年人恰当。

二、句子层面

商务英语信函翻译中，句子层面所遵循最主要的原则就是语法原则。语法是对现成语言中规则的归纳和总结，语法原则包括句型和句法。另外，商务英语信函的语调也非常重要，礼貌、自信、对对方的尊重都要体现在商务英语信函的字里行间。

（一）语法原则

1. 句型

英语共有下面四种句型。

第一，简单句（Simple Sentences）只包含一个主谓结构。

第二，并列句（Compound Sentences）包含两个或两个以上主谓结构，句与句之间通常用并列连词或分号来连接。

第三，复合句（Complex Sentences）包含一个主句从句和一个或几个从句。

第四，并列复合句（Compound-Complex Sentences）是并列句和从句的叠加。

在商务英语翻译中应该多选用简单句。可读性研究表明，单词多、成分复杂的句子容易造成误解。简单句指的是由16—18个单词组成的英语句。注意多用简单句并不是说全文所有的句子都写成简单句，实际上应适当出现一些长句，尤其是结构清晰的并列句（其各小句处于同等重要的地位）和复合句（主句信息要重于从句的信息）。复合句中重

要信息放在主句里,次要信息放在从句里。例如:

My business has grown substantially during the last 3 months, and I have recently added as customers China National Petroleum Corp.

过去的三个月公司业务迅猛增长,最近成功把中石油发展成我们的客户。

该英语句是由 and 连接两个同等重要的句子构成。英语是刚性、显性、形合语言,有严格的语法结构,不可随意改动,and 就是上述特点的标志性词语,如果去掉,这句话就变成了病句,可见 and 的作用是绝对不可以忽视的。

2. 句法

汉语句法像流水。中国人往往更趋向于把问题层层铺开,用节节短句逐点交代,这种"展开型"的思维方式更利于把事情说清、说透、说明白;再加上汉语无形态变化,注重时序等特点,故在表达时往往采用较高层次的句法单位(如把英语词转换成汉语的词组;英语词、词组转换成汉语的分句;英语分句转换成汉语的句子;或英语句子转换成汉语的句群),使汉语句子显得较为松散。

英语句法像葡萄。西方人常取"浓缩型"的思维方式,喜欢将众多的信息靠各种手段凝集在一个单位加以思考,从而使得英语结构单位的信息量较高。再加上英语语言有众多的形态变化用来表示各种语法关系,又有十六种时态,还有各类连接词语和从句,因而句子结构复杂、纵横交错,叠床架屋。一个英语句子往往以一个主、谓、宾结构作为核心框架,然后以此为结构向外延伸与扩展,附上各种次要结构,构成了一种葡萄型的句式,短短的主谓宾主干上挂结着丰硕的葡萄。例如:

The device, which is available to pre-order from the Minnesota-based firm, dispenses treats and discharges a soothing scent for animals that are home alone, while also recording the animal's antics so that owners can share videos of their pet's reactions.

该装置可以给独自在家的宠物喂食,还可以释放一种舒缓神经的香气,同时还可以录制宠物的举动,主人可以将录下来的可笑的视频在网上与人分享。该公司本部在美国明尼苏达州,现在可以预定。

汉语句子由一个个小短句组成,逐一介绍这个装置的优点,最后进入主题,希望有客户来预订。句子较为松散,没有连接词,靠语义连接,做到形散而神不散。符合汉语语言特点：柔性、隐性、意合、语用型、流散性。英语则由一个长句表达了所有的信息，长句中包含了定语从句和状语从句。看似句子结构复杂、纵横交错，而实际上它的主要结构很简单，就是 The device …dispenses treats and discharges a soothing scent…。其他的都是从属部分，其从属部分就像葡萄串上的葡萄一样，都挂在了主句上，完全符合英语语言特点：刚性、显性、形合、语法型、聚焦性。

3. 语态

正确使用英语的主、被动语态。英语中，主语的重要性体现在以下两个方面。第一，英语句子必须有主语（祈使句中隐含的主语是 you）；第二，英语句子的主语是该句的焦点、核心，统领全句。商务英语交际和日常口语交际一样，人们多倾向使用主动语态，因为主动语态的句子生动，而且能够强调句子要表达的内容。但是在商务英语信函表达负面信息的时候，要更多使用被动态，用物作主语，更婉转礼貌。例如：

The price list was not enclosed in your letter.

附件中没有价格表。

表达负面信息时，如果用主动语态，用人作主语，直接指出对方的疏忽，有指责对方的嫌疑，不是很礼貌。礼貌是在撰写商务英语信函时，必须遵守的一个重要原则。而用被动语态，间接指出对方的疏忽，更容易让对方接受。

4. 句子简洁

商务英语信函最主要的目的就是通过有效交流，达成一致，完成交易。商务往来涉及很多工作，全世界都在讲高效。一封满是拖沓、冗长句子的信函，会让人感到头疼、无从下手。所以在写商务英语信函时，应遵循压缩句子，删繁就简的原则。用尽量少的单词及句法结构把自己的意思表达清楚是商务交际的基本要求。例如：

请在支票的后面背书。

原译：Please endorse on the back of this check.

改译：Please endorse the check.

endorse 本身就是在背面签署的意思，不必要写 on the back of the check。

（二）语调

对交易者来说，他们总是期待开展新的业务，获取新的利润。一封语言得体中肯的商务英语信函有助于交易者实现他们的预期。因此，语调原则也是在撰写商务英语信函时必须遵守的一个规则。语调是指交易双方对于向对方所要传达的信息的态度。总体上商务信函要显得自信、礼貌、坦诚、尊重对方，要用肯定的语气而不要用否定的语气，同时要把重要信息放在凸显的位置，把次要的信息放在从属的位置，并适当的强调"您"（you）。

1. 自信

自信是社交活动能否取得成功的重要因素之一。只有对自己充满信心，做事才能如鱼得水，得心应手。在对外贸易中，自信尤为重要，是成功的坚强后盾。但在交际中切记不能过于自信，过于自信就是自负，会使人产生反感，导致交际失败。缺乏自信，对方就会对你所传达的信息的准确性、肯定性有所怀疑，影响交易的完成。过于自信，对方会觉得你的态度很傲慢，也不利于交易的进行。只有不卑不亢，才能赢得对方的尊重，顺利地进行谈判和达成交易。例如：

I hope that you will find that our products can meet your needs.

我希望你会发现我们的产品能满足你方需求。

改写后：

Our products can meet your needs.

我们的产品可以满足你方需求。

例句中的"I hope""You will find"都传达了交际者不自信的信息。产品满足对方的需求，这是事实，对方发现不发现都是客观存在的。所以交易者在介绍产品的价格、产品质量、产品前景等相关信息时，一定要充满自信。

2. 礼貌原则

在对外贸易中，意见有分歧、观点不一致在所难免。如何解决矛盾和分歧而又不给双方带来负面影响呢？礼貌原则就显得尤为重要了。礼貌诚恳的语调会传达出良好的意愿，有助于实现交际，化解分歧进而达成交易目的。即使没有分歧，礼貌的语言与句式也会促使对方考虑你方所提出的条件，促成交易。例如：

You sent your complaint to the wrong department. We don't handle shipping problems.

改写：We have forwarded your letter to the shipping department.

我们已经把你的信转交给了货运部。

例句中，"We don't handle shipping problems."这句话语气生硬，而且态度是严词拒绝得不友好态度，客户看到这种情况会非常气愤；改译句不仅没有拒绝，而且提供了很好的解决办法，会赢得客户的赞赏与认可。

3.You-attitude 强调"你/您"

采取"以你为中心"而不是"以我为中心"的态度。应该站在对方的立场，考虑对方的观点，理解对方的问题，强调对方的利益并采取积极的态度进行书面沟通。"你态度"（you-attitude）可以传达出自己的友善，争取到对方的好感，因为这样做表明你把自己放在了较低的位置，而把对方及其利益放在了重要的位置。例如：

We can allow a 20% trade discount if payment can be made within three weeks after receipt of the goods.

如果收到货物后三周内付款，我们给予20%的贸易折扣。

改写后：

You can take advantage of the 20% trade discount we offer to buyers who make payments within three weeks after receipt of the goods.

在收到货物后三周内付款，你方可以得到我方提供的20%的交易折扣。

改写句中，以对方为主语，把对方的利益放在了重要位置。说明卖方非常体贴，考虑问题周到，以买家利益为重，表达出自己的友善，能够争取到对方的好感。

4.肯定的语气

在撰写商务英语信函时，应该尽量从对方的要求、愿望和情感出发，少用否定的、抱怨的、消极的语气，多用肯定的、阳光的、积极的语气。

否定的语气会给人以居高临下的感觉,容易使交易双方产生对立情绪。常见的否定词有 wrong, not, regret, inadequate 等。例如:

We regret to inform you that we cannot permit you to use our auditorium for your meeting, as the Ladies Investment Club asked for it first. We can, however, let you use our conference room, but it seats only 60.

改写:Because the Ladies Investment Club has reserved the auditorium for the weekend, we can instead offer you our conference room, which seats 60.

因为女士投资俱乐部已经预订周末使用礼堂,我们可以提供给您60个座位的会议室。

例句中出现得比较负面的、否定的词汇(已划线)都会给人不好的感觉,看完之后难免会动肝火,以后继续合作也难免会蒙上阴影。相反,改写句没有用负面的、拒绝的词汇,反而给出了 offer,让人顿觉神清气爽,即便60个座位的场子远远不够,起码心情上还不至于很糟。

第三节 商务英语信函中的跨文化交际因素

一、礼貌词汇文化因素

在英汉商务信函中,有关礼貌词汇的表达也在不同程度上透露出其文化差异。具体来说,汉语在表达方面更倾向于使用礼貌词汇,并且通常将一些助动词、修饰语等堆砌在一起。与汉语相比,英语以"重纪实、少文饰"为显著特征,英语往往呈现出的是简明扼要这一倾向。例如:

As a review of Section IV of your policy indicates, you are covered on accidents that occur on the grounds of your residence only.

保险单第四部分有具体说明,只有在住所发生的伤害才给予赔付。

这个句子应该可以说是商务交际中运用很完美的例句,用词很精准,像 As a review of, indicate, be covered, only 等词汇的运用都独辟蹊径地避免了生硬词汇的出现。可以试想这么一个场景,当一个人去保险公司理赔时,必然是发生了不怎么愉快的事,因此态度也不至于好到哪里去,这时候保险公司客服人员客气的用语既有理有据地表明了自己的立场与态度,又不会对客户来说显得过于傲慢。

二、格式层面的文化差异

在正式场合,英美人往往喜欢直呼名字,而中国人往往习惯以职位、官职相称,用来表示尊敬。这在商务信函中也有所体现,如 Dear Jane 与张局长、李司长等。

另外,在地址、日期的表述上,英汉的格式也存在明显的差异。具体而言,商务英语信函在表述地址时往往按照从小到大的顺序,即街道、城市、州、国家,并往往将收信人的全名置于首行。而商务汉语信函在表达上恰好与商务英语信函相反。

第四节 跨文化交际背景下商务英语信函翻译的原则与策略

一、跨文化交际背景下商务英语信函翻译的原则

商务英语信函是商家、企业将各自的商品、服务,甚至声誉向外推介的一种手段,也是互通商业信息、联系商务事宜及促进贸易关系的主要手段和媒介。从本质上来看,商务英语信函实际上是一种推销函,写信人总是在推销着某种东西,可以是一种商品、一项服务、一种经营理念,或者是公司的形象和声誉。因此,商家给客户的每一封信函、传真、电报或邮件,都显示着商家的实力和水平。同时,商家也通过这种方式评估和了解自己的交易对象。

我国自加入世贸,外贸活动日趋频繁。在国际贸易中,由于贸易双方远隔重洋,不可能事无巨细面对面地进行磋商洽谈,因此,商务英语信函在交易双方之间发挥着举足轻重的代言作用。怎样恰当、准确地翻译商务英语信函不仅关系到交易的成败得失,而且还会影响到商家在国际市场上的信誉和前途。严谨、贴切、达意的商务英语信函翻译能够帮助商家达到有效沟通的目的。

第四章 商务英语信函翻译与跨文化交际

相反,如果商务英语信函的翻译出现谬误,势必导致双方的误解和疑虑,从而影响交易的顺利进行,甚至带来贸易纠纷和索赔申诉,也会阻碍商家对海外市场的进一步拓展。商务英语信函翻译是一项艰苦复杂而又精细的工作。要想准确、恰当地翻译各种商务英语信函,除了要具备一定的语言基础以外,还要了解相关领域的专业知识,如经济、外贸、法律等知识,并深入研究商务英语信函的构成要素及其语言特征。

(一)专业性原则

商务英语信函中存在大量的专业性词汇,即使是普通词汇,用在商务英语信函中,其含义也与普通词汇的含义有所不同。要将商务英语信函翻译得既专业又得当,要求译者必须掌握足够的经济、贸易、金融、法律、运输等领域的专业知识,并用地道的商业用语把它们表达出来,只有这样,才能体现出原文的商业风格。例如:

Due to a serious shortage of shipping space, we cannot deliver these goods until October 10.

由于舱位严重不足,我们无法在10月10日之前发货。

上例中,shipping space 不了解的人可能会按字面意思把它翻译成"装运空间",但实际上这是海运业务中的一个专业术语,应该把它翻译成"舱位"。

(二)简洁规范原则

商务英语信函中大量使用习惯用语和行业套话,在翻译商务英语信函时,我们也应该尽量使用正式、规范、准确的书面语言,使译文保持原文的风格。在此基础上,还要注意译文的简洁。例如:

We confirm having cabled you affirm offer subject to your reply reaching us by October 10.

译文1:现确认已向贵方电发实盘,10月10日前复到有效。

译文2:我们确认已经以电报的方式给你们发出了一项实盘,该实盘成立的条件就是你们的答复在10月10日之前到达我们这里。

很显然,译文1因为套用了一些正式的商业惯用语(如"电发""复到"),要比口语化的译文2来得正式、简练得多。

二、跨文化交际背景下商务英语信函翻译的具体策略

（一）询盘信函的翻译策略

1. 简洁

简洁（concise）是询盘信函句子翻译所遵守的原则之一。无论是从句子层面，还是从词汇层面，都不能啰唆，要简单明了、弃繁就简。复杂的句子结构以及晦涩难懂的词汇足以让对方失去兴趣。

（1）句子层面

句子层面可以从以下三个方面做到简洁：用简单句代替从句，用非谓语动词、名词短语、介词短语、副词短语等代替复合句；不影响句意的部分可以略去；放弃冗余信息与结构以及对方已知的信息。

①复合句改成简单句。例如：

如果我方订购30艘游艇，你们的行业折扣是多少？

原译：If we place an order for 30 yachts, what trade discount are we granted?

改译：Please let us know your trade discount for 30 yachts.

原译句使用了 if 连接词的复合句，改译句中使用了简单句，简明扼要。

②用短语代替从句。例如：

你们通常收到订单后要多久才能交货？

原译：How long does it usually take you to make delivery after you receive orders?

改译：How long does it usually take you to make delivery after your receipt of orders?

原译句中包含动词 receive 的时间从句改成了相应名词 receipt 的短语。用名词短语代替从句，避免了主语的重复。事实上，当主句与从句主语一致时，就可以用非谓语动词或短语来代替，使句子更加简洁。另外，英语与汉语在各自长期的发展过程中形成了各自的语言特征：英语的静态特征和汉语的动态特征。汉语多用动词，一个句子出现好几个动词实属常见现象，而英语句往往只有一个主要动词充当句子的谓语，

其他的都要变成名词、介词等非谓语动词。也就是说,英语中的动作意义常借助于动词以外的词类表达。

③去除多余信息。例如:

我方想知道你们最早什么时候可以交货,而且,如果有折扣,你们在什么条件下给折扣?

原译:We would like to know your earliest date of delivery and on what term you can give us a discount, if you are prepared to grant a discount.

改译:Please let us know your earliest date of delivery and it'll be appreciated if you can give us a discount.

改译句中去掉了 on what term you can give us a discount, if you are prepared to grant a discount 的翻译,因为这些是冗余信息,完全可以省略。注意这里又一次使用了常用句式: it'll be appreciated if...

④去除对方已知信息。例如:

除了25%的行业折扣,你们是否还提供数量折扣以及现金折扣?

原译:I would appreciate it if you could tell me whether any cash and quantity discounts are allowed, apart from the 25% trade discount.

改译:I would appreciate it if you could give us some cash and quantity discounts.

改译句没有提双方都已经确认了的25%的行业折扣,直接说现金折扣和数量折扣这两项重要信息。注意常用句式"I would appreciate it if..."的使用。

(2)词汇层面

询盘信函需要短而精,不需要华丽的词语,能准确地表意即可。所以在词汇层面要考虑两个方面:第一,去掉一些无关紧要的修饰语;第二,用词代替短语、用短语代替从句。

①去除修饰语。例如:

请告知你们有关商品的最低价。

原译:Please let us know your lowest possible prices for the relevant goods.

改译:Please let us know your lowest prices for the goods.

原译句中的 possible 和 the relevant 可以省略且保持原句意思不变。

②去除不影响句意的短语。例如：

烦请惠寄产品资料和样品，以供我方参考，并请报你方最低抵岸价价格。

原译：It will be highly appreciated if you could send us some brochures and samples for our reference and quote your lowest prices on CIF basis.

改译：It will be highly appreciated if you could send us some brochures and samples and quote your lowest CIF prices.

改译句中删除了 for our reference，on...basis，这样使句子保持原意但更简洁明晰。

2. 选词

询盘信函中词语选择（choice of word）也很重要。询盘信函是一种正式文体，所以应该选择专业的、词汇意义表述准确、正式、礼貌、不卑不亢的词语。

（1）避免用词错误

例如：

请告知你们有关商品的最低价。

原译：Please let us know your cheapest prices for the goods.

改译：Please let us know your lowest prices for the goods.

请注意在改译句中最便宜的价格用的不是 cheapest，而是 lowest。低价还可能使用 reasonable 和 competitive，但 cheap 绝不可以。事实上，cheap 这个词在英语中的含义并不好，如果一个女孩品行不是太好，就可以称她为 cheap girl，而东西的质量不怎么好一般也说 cheap stuff。例如，"We don't sell cheap wine, but we sell wines cheaply." 在这句话里 cheap wine 指的是质量不怎么样的低档酒，而用 cheaply 用来表达价格低则完全可以。

（2）表意清晰的词语

①注意词义的微小差别。例如：

我们对于贵公司 10 月 3 日信函中介绍的竹席很感兴趣，贵公司是否可以给我们函寄一件样品以及相关的运输资料和价格？我们长期零售竹子制品，对于竹席尤其感兴趣。

原译：Would you please send me a sample of the bamboo mat you advertised in your October 3 letter, as well as price and shipping information? We are a long time retailer of bamboo ware, and I am especially interested in any items you might have in the range of bamboo mats.

改译: Would you please send me a sample of the bamboo mat you advertised in your October 3 letter, along with price and shipping information? As a long time retailer of bamboo ware, I am especially interested in any items you might have in the range of bamboo mats.

原译句的 as well as 改为 along with, 表达出"捎带寄来"的意思, 表达更加准确。而且原译句以 and 连接的并列句改成 as 引导的状语从句, 句子的关系更加明确, 突出了该复合句中的主句信息(I am especially interested in...)。

②注意语义的英汉差异。例如:

我厂是中国北方最大的水泥生产厂家, 坐落在营口。我们对于你在《中国日报》6月3号宣传的机械设备很感兴趣, 烦请提供更多详情。

原译: We are the biggest cement producer in Northern China and are located in Yingkou. We are interested in the machines you advertised in *China Daily* of 3rd, June and shall be glad to have more details about them.

改译: We are the leading cement producer in Northern China, located in Yingkou. We are interested in the machines you advertised in *China Daily* of 3rd, June, and shall be glad to have more details about them.

改译句有两处改动: the biggest(最大的)改为 the leading(主导的, 主要的), 更符合地道标准的英语表述; 把原译句中第一句中两个并列部分之一变成从属的成分(located in Yingkou), 从而简化了句子并且突显了重要信息。

(3)正式的书面语

例如:

Interested Suppliers are welcome to submit their best prices CIF Singapore.

请感兴趣的供货商报新加坡最低到岸价。

submit 意思是 hand over formally, 正式提交, 是正式的书面用语。

(4)礼貌、不卑不亢的词语

例如:

希望您给我们一份胶靴的目录, 连同告知你们的付款方式。

原译: It is desired that you will send us a catalog of your rubber boots together with your terms of payment.

改译: It is appreciated if you could send us a catalog of your rubber boots together with your terms of payment.

改译句有两处改动，desired 换成 appreciate，can 换成 could，都是出于礼貌客气的角度考虑。

3. 清晰

在英语中，不管句子多么复杂，都要结构清晰(clear)，突出重点信息，使读者很容易把握句子的主干，快速地找到所要的信息，询盘信函更要如此。例如：

我们的商业伙伴对你们的实木橱柜评价甚高，我们很感兴趣，恳请您惠寄带有图片的最新的产品目录和价目表，并报出最低大连抵岸价。

原译: Because our business associates speak highly of your wooden cabinets, we would be grateful if you could let us have more information about them. Please send us a copy of your illustrated catalogue, current pricelist, and offer us your lowest prices CIF Dalian.

改译: Our business associates speak highly of your wooden cabinets. We would be grateful if you could send us a copy of your illustrated catalogue and current price list, quoting your lowest prices CIF Dalian.

原译句中从句、复合句使用混乱，重要信息不突出。改译句中去掉了多余信息部分(let us know more about them)，使用了伴随状语(quoting 部分)作为次要信息。也就是说，改译句由一个简单句和一个从句构成，感觉句子长短有致，重要信息突显(send us a copy of your illustrated catalogue and current price list)。

4. 从对方立场出发

在询盘信函中要采用 you-attitude，以对方为主语，显示对方的重要地位。从对方的立场出发，表达出写信人尊敬对方、为对方着想的态度，这样更能赢得对方的好感，能够促进交易的达成。例如：

如果我方认为你方的报价合理并且质量达到我方要求，我方将考虑建立长期的合作关系，长期订购。

原译: If the prices quoted are reasonable enough to us, and the quality is up to our standard, we will place orders with you, ordering on a regular basis.

改译: If the prices quoted are competitive, and the quality up to our standard, you will receive our regular orders.

原译句由两个并列句和一个复合句组成。改译句对该句进行了重组,把原译句的第二个并列句中的动词(is)按照英语的习惯省略,使句子更加简洁紧凑,更重要的是把主句的主语由 we 改为 you。

5. 客观,坦诚

询盘信函中不能掺杂个人感情色彩,客观(objective)的语言更显真诚(sincere)。例如:

我公司是一家大型连锁酒店,总店在纽约,分店遍布全美国。我们对于贵厂生产的纯棉床品很感兴趣,如能给我们提供你们产品目录册上 100 套 6 号产品的报价,我们不胜感激。

原译: We are a large chain restaurant with our headquarters in New York and outlets throughout America. We are interested in your pure cotton beddings. We would be extremely happy if you could inform us of your lowest quotations for 100 kits of Item 6 in your catalogue, CIF New York.

改译: We are a large chain restaurant with our headquarters in New York and outlets throughout America. We are interested in your pure cotton beddings. We would like to have your lowest quotations for 100 kits of Item 6 in your catalogue, CIF New York.

原译句用了 we would be extremely happy if...,本来是要彰显自己的真诚、坦率,但实际上恰恰相反,这种表达在英语为母语的人看来显得虚假不诚实,所以改为较为平实的句式(We would like to have...)。

6. 礼貌

询盘信函既要选择具有礼貌意义(courteous)的词汇,又要选择能表达礼貌意义的句型,还要使用能传递礼貌意义的语调。

(1)礼貌意义的词汇

例如:

我想问您是否同意我方用 30 天远期汇票、承兑交单的方式结算货款。

原译：I want to know if it is possible for you to allow us to settle on a D/A basis with payment by 30-day B/E.

改译：We'll be grateful if you can allow us to settle on a D/A basis with payment by 30-day B/E.

原译句中的 want to know 显得不是十分客气，违背了商务书信的礼貌原则。在英语中很少使用带有命令式，表达个人欲望极强的词语，通常选用比较客气、有商量余地的词语。改译句中使用了（be grateful...），这是常用的地道句式，也礼貌多了。

（2）表达礼貌意义的句型

例如：

再过几周就是圣诞旺季，请你方务必按时交货。

原译：As Christmas is only a few weeks away, you must deliver the goods within the time specified.

改译：As Christmas is only a few weeks away, we would be happy if you can deliver the goods within the time specified.

原译句中的 you must deliver the goods 是强调命令的祈使句，态度强硬；改译句中使用了常用句式 we would be happy/grateful/appreciate it if...，非常礼貌得体。

（3）传递礼貌意义的语调

例如：

我们希望得到贵厂"好生活"系列的绿茶样品，每份至少2小包。

原译：We wish to get at least two samples of the green tea in your Good Life Range.

改译：Could you send us at least two samples of the green tea in your Good Life Range?

原译句中"我们希望"在中文中好像是表达出作者的客气的，礼貌的态度，实则不然。英文中的 wish 其实是 I-attitude 句，并没有向英美读者传递出客气礼貌的意义。改译句（Could you...）是 you-attitude 句，同时又是疑问句，更表达出作者的礼貌意图。在翻译中采用 you-attitude 这种语调可以传递出礼貌意义。

7. 正面消息，用主动语态

询盘信函中，正面消息多用主动语态，负面消息多用被动语态。例如：

我们对于贵厂在中央电视台宣传的有机椰油皂很感兴趣，请报广州离岸价、行业折扣和付款条件。请注意，我们通常订货量很大，如果你能提供令我们满意的数量折扣，我们也许会长期合作。

原译：Your organic Coconut Oil Soaps advertised on CCTV interests us. We would like to have your detailed information on FOB Guangzhou prices, trade discounts, and terms of payment. Please be informed of our large orders. If a generous quantity discount can be offered, long-term business relations may be established between us.

改译：Your organic Coconut Oil Soaps advertised on CCTV interests us. We would like to have your detailed information on FOB Guangzhou prices, trade discounts, and terms of payment. As we usually place large orders, your generous quantity discount may lead to possible long-term business relations between us.

改译句把原译句中的被动语态（Please be informed of...）改为了主动语态（As we usually place large orders）。从修辞学角度而言，主动语态比被动语态更加生动，丰富多彩且富有感染力，所表达的意义更为直接，更具有说服力。另外，改译句把原句的一个从句（If a generous quantity discount can be offered）换成了一个词组（lead to）表达，把原译句的后两句合成一句，使译句更加简洁紧凑。

8. 肯定语气代替否定语气

询盘信函中少用带有否定意义的词，直截了当地拒绝或否定会给对方带来不好的联想，产生不好的心理暗示，这会阻碍交易的顺利进行。

（1）否定意义的词（包含拒绝、产生消极情绪等的词汇）

例如：

我们想试销一下贵厂的新产品。不过我们要求二月底前交货，这是我们订单的硬条件，如果货物迟交，我方概不接收。

原译：We would like to try this new line out, but we demand delivery to be made by the end of February, which is a firm condition of the order. We will not accept late deliveries.

改译: Please let us know your earliest date of delivery of this new line.

原译句为直译,态度非常生硬,尤其还使用了一词 demand。改译句中有意去掉了第一句的后半句(which is a firm condition of the order)和第二句(We will not accept late deliveries.)的翻译,因为目前需要的就是最早交货日期。

(2)否定意义的句型(注意有些句型看似否定实则肯定)

例如:

除非你们减价5%,否则我们无法接受报盘。

原译: We can't accept your offer unless the price is reduced by 5%.

改译: We'll be happy if the price is reduced by 5%.

原译句中 not...unless 结构传达出非常强硬的态度;改译句中使用了常用句式 we would be happy/grateful/appreciate it if...

(二)发盘信函的翻译策略

1. 避免逐字逐句翻译

例如:

随函附上我们最新的产品目录和天津离岸价价目表。预计收到订单后一周内发货,估计四周内到达。

Enclosed you will find our latest catalogue and FOB Tianjin price-list. Goods will be dispatched within one week of receipt of the order and reach you within four weeks.

读者可能会发现预计和估计这两个词在英文译文中并没有出现。当然如果要体现出来,可以说,"is due to be dispatched..." "is due to reach you..."但是这样模糊的表达不够清晰确切。

2.短语代替句子

（1）平行结构代替句子

例如：

所附报价为净价，您可以享受25%的行业折扣。如订货超过50箱，另有3%的数量折扣。如果现金全额结清货款，还可进一步享受2%的折扣。

原译：We quoted a net price from which you can enjoy a 25% trade discount. An additional 3% quantity discount is offered to orders over 50 crates. A further 2% discount is allowed for cash payment made in full.

改译：The offer is our net price, on which you can enjoy a 25% trade discount, a 3% quantity discount for orders over 50 cases and a 2% cash discount for full payment made in cash.

原译句为三句话，改译句通过平行结构把三句话整合成了一句话 enjoy a 25% trade discount, a 3% quantity discount for orders over 50 cases and a 2% cash discount for full payment in cash。

（2）介词短语、非谓语动词代替句子

例如：

除了手提包外，本公司亦制造多种系列精美的皮带和手套，贵公司如感兴趣，可参看带有插图的产品目录。

原译：In addition to handbags, we also offer a variety of high quality belts and gloves, which are listed in our illustrated catalogue.

改译：Besides handbags, you will also find a large variety of high quality belts and gloves in our illustrated catalogue.

改译句是 you 为主语的句子，同时用介词短语代替原译句中的定语从句，更为简洁。

3.汉英句子结构差异

例如：

您6月6日的来函我公司已收到，感谢您欲购我公司的产品，现随函寄上最新价目表一份。所报价格皆为抵岸价。

原译：We have received your enquiry of June 6th in which you asked about our products. And we thank you for this. Please find enclosed our current price-list. All list-prices are quoted on FOB basis.

改译：Thank you for your enquiry of June 6th in which you asked about our products. Please find enclosed our current FOB price-list.

英语的句子重心在前面，先说重要的信息，再解释原因。通常情况下，应该把致谢的话放在前面，尤其在给对方回函的时候。另外，英语句子要求通过各种语法手段整合句子，避免啰唆。改译句中 current FOB price-list 替代了 All list-prices are quoted on FOB basis，轻而易举地把两句话整合成了一句话。

4. 使用婉转的表达方式

（1）避免直截了当地拒绝

例如：

用美元结算，报价有效期为3周。由于目前汇率变化很大，我们无法提供信用交易条件。

原译：The offer is in USD and remains valid for 3 weeks. Credit facilities are not available for the time being.

改译：The offer is valid for 3 weeks and payment in US dollars will be accepted. Credit facilities will be offered when the exchange rate becomes stable.

改译句把第一句中的两个并列成分位置调换了，把最重要信息放在前面（The offer is valid for 3 weeks）。另外在信函翻译中，能避免否定词的地方就要避免，这是许多先辈们的经验总结。采用婉转的表达方式，从不同的角度传达自己的意思。改译句采用了带有条件的肯定句（Credit facilities will be offered when the exchange rate becomes stable），避免使用否定词。

（2）避免指责对方

例如：

你们的询盘信函不明确，我们无法答复。

原译：Your enquiry is too vague to enable us to reply you.

改译：We would be very happy to supply any information we can if you could be more specific.

原译中直接指责对方的信函语意不清，让人感觉非常不舒服。改译中用了一个比较婉转的句型"We would be very happy to..."来表达自己的观点和看法,让人有一种商讨的感觉,更礼貌。

(3)使用被动语态

例如:

信中所附报价为净价。如订货超过50箱,我们送货上门。

原译:The price quoted is net price. And we can deliver when you order more than 50 crates.

改译:The price quoted is net price, and delivery can be made for orders over 50 crates.

在这种情况下,用we作主语,有一种高高在上的感觉。用被动语态作主语,只是陈述客观事实,更委婉更客气。

5. 用词准确

(1)近义词的微小差异

例如:

得悉贵公司对我们的产品有兴趣,实感荣幸。兹奉上我们新的产品目录和常用的皮革样本仅供参考。

原译:Thank you for your interest in our products. We are sending you a copy of our latest catalogue under separate cover, together with samples of some of the skins we regularly use in the manufacture of our products。

改译:Thank you for your interest in our products. Enclosed you will find our latest catalogue and the sample leather will follow(be sent)in separate mail.

under separate cover 和 in separate mail 都是"另函"的意思。send 和 enclose 的区别为:如果是小册子或目录这样的小东西要用 enclose。如果是比较大的样品则用 send。例句中提到的是产品目录应该用 enclose,而皮革样本应该为另寄,可以用 send。

(2)词语涉及范围

例如:

我们给指定的代理提供15%的佣金,外加相当数额的广告费。如果销售成功,我们将还把你的代理范围扩大到整个东部地区。

原译:We will offer a 15% commission to agents appointed by us, plus a substantial advertising allowance. If sales are successful, the agency will be extended to cover the whole eastern area of the country.

改译: The agent we appoint will get a 15% commission, plus a substantial advertising allowance. If sales are successful, the agency will be extended to the whole eastern area of the country.

will be extended to cover 中的 extend to 意为"延伸到",已经包含了 cover 的含义,所以在改译句中去掉了 cover 一词。另外,原译句第一句主句中的主语 we 用的也不太妥当,显得突出自己的地位而忽略了对方的感受。而改译句中用 agent 作主语,显示了对对方的尊重。

6. 要意译不要直译

例如:

贵方用纸壳箱包装货物不适合海运,由此造成的货损保险公司可能拒赔,如果贵方肯赔付我方客户可能因此而遭受的损失,我方同意贵方使用纸壳箱。

原译: As the cartons you are going to use are not seaworthy, the insurance company might refuse compensation if our clients suffer any losses. We have no object to your packing of the garment in cartons if you can guarantee that you will pay compensation when our clients cannot get indemnification from the insurance company.

改译: As cartons are not seaworthy, the insurance company might refuse compensation should any loss incur. They are acceptable to us if you will compensate our clients when they fail to get indemnification from the insurance company.

很明显,双方在包装问题上有分歧,如果用对方作主语有指责对方的嫌疑,在这种情况下就不能直译了,应该婉转地指出对方的问题,保全对方的面子,需要意译。原译句属于纯属直译,显得生硬而且毫不客气,不给对方留任何颜面。改译句则比较婉转地表达了同样的意思。

7. 发盘上所给信息要具体明确

例如:

我们的报盘三天有效。

原译: Our offers are good for 3 days.

改译: The offer holds good until 5 o'clock p.m. 23nd of June, 2012, Beijing time.

显然第二句要更确切,明确到一个具体时区的时间点,可谓细致入微,也可以给对方一个办事严谨的印象,不容易产生分歧。

第五章　商务英语说明书翻译与跨文化交际

当今世界快速发展,人们沟通与交往也越来越频繁,很多说明书都是用英语来写作的,如果我们对这方面知识不了解,那么便对跨文化商务交际产生不良影响。随着国际贸易的日益加快,很多商品也涌向国际市场。为了使商品迅速为国外消费者接受和使用,商务说明书的翻译显得越来越重要。可以说,如今的商务说明书承载着重要责任,除了要向消费者传递某产品的基本使用信息外,还可以扩大产品的知名度、促进销量、树立品牌形象。为此,本章就对商务英语说明书翻译与跨文化交际展开分析。

第一节　商务英语说明书简述

一、商务英语说明书类型

商品说明书就是生产企业向公众和用户介绍、宣传其产品的说明性材料或文书。商品说明书带有很强的宣传性,具有很高的使用频率,是一种常见的说明类实用文体。在商务英语中,常见的说明书有以下四种形式。

第五章　商务英语说明书翻译与跨文化交际

（一）手册式说明书

手册式说明书主要是运用手册的形式，为客户提供页数不等的文字说明，可能是几页，可能是几十页等。有的手册中还会穿插图片与照片，对与商品相关的信息进行详细的介绍。例如，许多家电商品的说明书（电视机、洗衣机、冰箱、空调）就是一本手册。

（二）标签式说明书

标签式说明书是直接附在商品或者商品包装的纸或者由特殊材料制成的标签。其中，服装上的标签显得更为典型，上面标示服装的名称、面料等内容。

（三）插页式说明书

插页式说明书指的是在商品中会添加一页纸，其中对商品的相关信息进行描述。例如，药品说明书就是采用这种形式附加在盒子中，上面包含药品的名称、适用病症、使用剂量、使用副作用等。

（四）印在包装上的说明书

有些商品的说明文字直接印在其外包装（包装盒、包装罐、包装瓶）上。例如，许多食品和饮料的说明书形式就是如此，其中包括商品名称、成分、净重、商标、贮存及保质期等。

二、商务英语说明书的结构

一般来说，商品说明书包含两部分：标题与正文，但是如果是较为复杂的商品说明书，可以印刷成书本或者折子的形式，其中包含的内容也更为丰富。这类说明书主要出现在电子产品或者成套设备中，并且被人们认可。

（一）封面

一般有"说明书"字样和厂名,有的还印有商标、规格型号,商品标准名称和图样,如要增强顾客的印象,还可配有商品彩照、图样、表格。封面的标题要求鲜明醒目。

（二）前言

前言的形式有的采用书信式,而更多的是采用概述式的短文。

（三）标题

对一位客户来说,即使说明书无标题,他也会认真地阅读正文的。因此,有的商品说明书中没有标题。当然,这不等于说产品说明书的标题不重要。因为从宣传效果上而言,说明书的标题作用仍很重要,它起着引导的作用。

（四）正文

正文是商品说明书的主要部分。一般是对商品的性能、规格、使用和注意事项进行具体的说明。例如,电子产品的说明书通常包括产品的特征、性能、规格（技术指标）、操作程序以及注意事项等。医药用品的说明书一般包括成分、主治、用法及用量、注意事项、禁忌及副作用等。有些产品甚至还包括包装、净重、体积等。说明书的正文究竟包含哪几部分,应根据不同产品的具体情况来确定。

（五）封底

为方便用户联系,一般封底上注明厂址、含国家地区代号的电话号码等。

第二节　商务英语说明书的语言特点

商务英语说明书主要是介绍某类商品,从而将这类商品更好地传递给消费者,让消费者产生购买欲望。因此,在语言上,商务英语说明书有着自身的特点。

一、词汇特点

商品说明书必然涉及商品,是商品经济发展的结果。商品说明书中包含了科技与广告的特征,用于为消费者传递信息,做好宣传的目的。因此,商品说明书在用词上有其自身的特征。

（一）运用缩略词

商品说明书在介绍不同的商品时会涉及一些特定的缩略语,这些缩略语简单易记。例如：

IC—（integrated circuit）集成电路
CAD—Computer Aided Design（计算机辅助设计）
TB—Tuberculosis（肺结核）
DNA—Deoxyribonucleic Acid 脱氧核糖核酸
ADP—Automatic Data Processing 自动数据处理
FTP—File Transfer Protocol 文件传送协议
CAD—Computer Aided Design 计算机辅助设计
AD—Alternating Current 交流电
C.—Celsius Degree 摄氏度

（二）通俗易懂

商品说明书应使用标准且通俗易懂的词汇,使消费者一看就明白。

因为商品说明书主要是面向消费者,而消费者本身的文化等层面存在差异性,并且他们受到的教育程度也必然不同。这就要求商品说明书在用词上应该避免晦涩,应该让读者容易理解。具体来说,在商务英语说明书中,往往会使用通俗的词汇,这样便于不同的消费者获取商品信息,吸引他们的购买欲望。例如:

每天一杯"挺立"牌玉米粥能满足您每天对钙的需要量。

A cup of "Tingli" corn porridge can meet your need of calcium each day.

上述说明书用词非常简单,可谓通俗易懂。

(三)专业性强

商务英语说明书用词的专业化体现在两个方面。

一是普通词汇的专业化。商务英语说明书中的某些专业术语是在赋予普通词汇以特定的新意之后产生的。这些词的普通意义早就存在,只是有着不同的意思,所以使普通英语词汇在商务英语说明书中就有了特定含义与习惯用法。例如,在计算机的说明书中经常会出现这样的专业词汇。

brick(砖)——程序块

instruction(指导)——指令

mouse(老鼠)——鼠标

grandfather(祖父;外祖父)——原始文件

二是词汇的多专业化。同一英语常用词不仅用于某一专业领域中,还被其他专业用语表达各自的概念,甚至在同一专业中同一个词有着不同的词义。例如,power 的意思有"力""电""电源""功率""动力"。这种同一词语词义的多专业化倾向在汉语中就没有,汉语的传统趋势为专词专用。

商务英语说明书是一种非常专业的商务文体形式,因此在用词上也凸显专业性。随着商务交往的不断发展,商务英语说明书形成了自身相对稳定的词汇。例如,在一份药品说明书中,包含了名称、成分、剂量、适用症、注意事项等术语。这些术语对于普通的消费者而言是不熟悉、不了解的,但也是必需的。例如:

Seniovita is proven basic preparation in cases of atherosclerotic and degenerative organic diseases associated with old age.

经证实,心脑灵为治疗老年动脉粥样性硬化和老年器官退化性疾病之基本治疗用药。

上述句子中,preparation 这个单词平时的理解是"准备",而在上例中则指"制剂"或"治疗用药"。再如英文药品说明书中表示"失眠""胸闷""神经衰弱"时都会采用相应的技术术语,分别为 insomnia, strangulation 和 neurasthenia,而不用 sleeplessness, stuffy chest 和 weak nerve。

（四）普通词汇专业化

商品说明书中有一部分词汇虽然在英语中早已存在,但在特定的领域里意义变得不同。而且这些词汇通常是常用词汇,所以译者不能望文生义,必须准确地理解该词汇在具体领域和上下文中的意思。例如：

angel（天使）可转义为"雷达反响"

base（基础）在化学中转义为"碱",在医学中转义为"主药"

在一款油漆的说明书中出现了三个很常见的单词 finish, film 和 drum,虽然是以前很熟悉的词汇,但是它们的意思发生了改变,在此意思分别为：finish—末道漆；film—薄膜；drum—鼓状物,指形状或结构上像鼓的东西,尤指桶状金属容器或缠满电缆、电线或粗绳的金属圆柱。

（五）运用合成词

在商品说明书中,有大量的词语是利用已有单词,通过词缀法和拼缀法合成而构成的新词。例如：

comsat（communication+satellite）通信卫星
macroinstruction（macro+instruction）宏指令
colorimeter（color+meter）色度计
dew-point（dew+point）露点
hot press（hot+press）热压

（六）用词准确

近年来，越来越多的国外产品走上中国市场，而要想了解这些进口产品的功能和用法就要参阅产品说明书。因此，商务英语说明书中词汇涉及的信息必须准确无误，避免给消费者带来误解。例如：

Designed for steep slopes of 45 degrees, for rivers with a depth of 58 cm and for motorways without speed limits.

· Hill climb capability: 100 percent or 45 degrees

· Overhang angle: 27 degrees

· Lateral tilt: up to 35 degrees（static 45 degrees）

· Fording depth: up to 580 mm（with air suspension）

（本车）为翻越45度斜坡、跨越深达58厘米河滩和穿梭于快车道而特别设计。

· 最大爬坡度：100% 或 45°

· 纵向通过角：27°

· 安全侧倾角度：35°（静止时45°）

· 涉水深度：580毫米

这是某豪华运动型汽车的说明书的一部分，提供的信息准确、清晰。

（七）借用外来词语

有些商务英语说明书中的词汇来自拉丁语和希腊语。在现代社会中，随着各种产品的不断更新换代，产品说明书特别是科技方面的说明书出现了越来越多的科技术语。这些术语会经常借用一些其他词汇，如拉丁语、希腊语。由拉丁语和希腊语的词根派生的词汇在商务英语说明书中也很常见，特别是一些表示程度、地位、方式和树木的拉丁语和希腊语词缀。在一些医药方面的说明书中，有很多来自希腊语词根和词缀的术语。例如，chlorophyll（叶绿素），acupuncture（针灸），phlebotomy（静脉切开放血术）等。

（八）使用合成词

商务英语说明书中经常使用合成词,即利用已有单词,通过词缀法和拼缀法合成新词。英语合成词灵活多变,不受词序的约束。例如:

sing-along（sing + along）独自唱歌的
ice-wine（ice + wine）冰酒
easy-to-use 容易使用的
hot-press（hot+press）热压
dew-point（dew+point）露点
colorimeter（color+meter）色度计
high-tech（high+technology）高新技术
high-resolution（high+resolution）高分辨率
macroinstruction（macro+instruction）宏指令
transceiver（transmitter+receiver）无线电收发器

（九）过程的名物化

商务英语语言具有简洁、凝练的特点,其也体现在过程的名物化上。过程的名物化是指将过程名词化,小句子转化为名词词组,而其他成分则成为其修饰成分。例如:

Any resistance to introduction should result in advancement of all introducer sheath small enough to be introduced without undue force.

只要插入时遇到任何阻力,则应当使用较小尺寸的导引套,以便无须过度用力即可插入。（某导管插入装置）

本例就出现了过程的"名物化"特征,如 resistance, introduction, advancement 分别代表三个动作过程,不仅使句子结构显得紧凑,具有较强的逻辑性,而且增强了表达能力。

二、句法特点

商品说明书讲究言简意赅,避免繁杂冗长,这些文体特征不仅反映在用词上,在句法构造上更能体现这一特征。

(一)大量使用祈使句

在商务英语说明书中会大量使用祈使句,其用于表达命令、请求、建议、警告等内容。具体来说,商务英语说明书中的祈使句非常简单,能够将主要信息凸显出来,体现出叮嘱、指示等功能,使消费者能够快速捕捉信息,明白什么能做、什么不能做,也会在使用中多加注意等。例如:

Directions: Remove cap. Spray it on the surface of the object and wipe with clean paper towel or dry cloth.

使用方法:拧开瓶嘴,将本品(保洁丽)喷于需要清洁的物件上,然后用清洁的纸巾或干布抹拭。

(二)祈使句

因为说明书的目的是指导消费者使用某产品,而不是劝说其购买产品,所以一般不会有 please 等词,但其也经常使用祈使句。商务英语说明书中可以通过祈使句表达某产品的操作要点、注意事项及警告等,目的是引起产品使用者的注意。例如:

Keep out of the reach of children.

请将本品放在儿童不能接触的地方。

Light the screen by pressing the ON key, then the current grid voltage will be displayed.

按开始键点亮显示屏,显示当前电网电压。

(三)省略句

为了方便不同文化水平的产品使用者的阅读和理解,商务英语说明书所用句式不应过于复杂。特别对一些描述产品性能与功能的说明书,不应仅强调语法的正确与否,还要灵活使用短语或句子片段,以避免给产品使用者带来理解障碍。因此,省略句也是商务英语说明书的一个句式特点。例如:

For best results, use warm water.

使用温水,效果更好。

Simply load karaoke videotape, pick up the microphone and step into the spot light, and you become the star of your own karaoke show.

只需放入卡拉 OK 录像带,拿起麦克风,您就会成为梦寐以求的卡拉 OK 歌星。

三、语篇特点

商品说明书根据其介绍的商品不同,语篇长短也不同,一般而言,商品说明书的语篇都相对简短,长篇大论的说明书不利于消费者快速了解商品的功能和操作程序。因此,商品说明书的语篇有以下特点。

(1)交际角色。在交际角色方面,说明书注重信息的传递,在对商品的优、特点宣传方面大做文章,相当重视其劝说功能,通过人称指示词的大量使用,拉近与读者的心理距离,从而更利于商品的销售。

(2)维护商品权威。无论是中文的商品说明书还是英文的商品说明书,都注重商品的权威性昭示,如"专利商品""……指定(推荐)商品", patented, clinically proven。

(3)注重环保。说明书都很重视保护环境,有的渲染商品的环保特性,有的商品在废气处理环节上突出环保措施。

(4)客观、精确、具有感染力。说明书的目的是让消费者了解产品的特征和性能,以便做出正确的选择并正确地使用该产品。其内容客观真实、数据精确、语言通俗易懂,但也会适当地使用文学性语言来进行表达,以增强其可读性和感染力。例如:

Apply Optimizer as the first part of the Repair step in your complete Beautiful Skin Solutions regimen.

Optimizer 可作为日夜雅诗兰黛完美肌肤主张保养修复的第一步修复程序。

Please use extra caution while carrying the camera.

携带相机时请额外小心。

(5)条式风格突出,版面设计独特。由于说明书所涉及的内容较多,一般采用条式排列,使其内容清楚明了。同时为了达到吸引消费者的目的,往往采用一些不同于其他商品的特殊字体和版面模式来突出该商

品,如黑体字标题、数字序号特殊符号等。例如:

Skin Test

① Clean and dry skin behind ear or on inner fold of elbow (about 1 cm diameter).

② Squeeze small amount of cream from each tube of Bigen Speedy into a non metal tray. Mix well and apply on skin mentioned above. Do not disturb it for 48 hours.

③ If there is no reaction in 48 hours, proceed with hair coloring.

皮肤测试

①洗净抹干耳后或手肘内侧约 1 平方厘米皮肤。

②分别将两软管内的 Bigen 发霜挤出等量少许于非金属小碟上调匀,将调匀的发霜涂抹于洗净的皮肤上,48 小时内不要擦掉。

第三节　商务英语说明书中的跨文化交际因素

由于中西文化存在诸多差异,所以商务英语和汉语说明书也会有所不同。本节简单从两个角度分析英汉商务说明书的差异。

一、追求准确客观,但英汉说明书之间存在差异

准确客观是商务说明书时刻都要考虑的问题,但因为中西文化差异的不同,英汉说明书的语言表达形式和侧重点就有所不同。例如:

…

【Ingredients】: bee proplis

【Specification】: 500mg × 60 capsules × 2 bottles

【The nutrition and contents】: the flavone of each 100gs ~ 800mg

【Suitable for】: all kinds of people

【Eating methods】: 2 capsules a day, before meal

【Caution】: this is not a replacement for medicine

【Storage】: keep in cool and dry place

......

……

配料：蜂胶

规格：500mg×60粒×2瓶

营养成分及含量：每100g含总黄酮≥800mg

适合人群：所有人群

使用方法：每天一次，每次二粒，空腹服用

注意事项：本品不能代替药物使用

储存方法：置阴凉干燥处

……

通过对本例原文和译文的对比可以发现，英汉说明书中都没有浮夸的词语，语言运用也准确客观。但受中西文化差异的影响，英汉商务说明书的语言和重点之间存在较大差异，即英语强调行文的通俗，表达应直截了当；汉语行文有一定的夸张，语言为多个句子的简单堆砌。

二、用不同方式体现专业性

商务说明书有较强的专业性，其语言通常较为规范，与不同行业的要求相符。但是由于中西方文化上的差异，英汉商务说明书的专业性也是通过不同方式体现出来的。例如：

The product is used for creating your own hair style special, for creating your look and shaping beautiful hair.

一经使用本品，便能让您随意梳理成型，秀发硬挺，使您更加美丽。[①]

通过对比原文和译文可知，英语说明书行文正式、语言简洁，如连续使用三个名词化短语，既显得正式又节约篇幅，且creating构成排比，既增强了气势，又展现了产品的效果。译文行为也非常正式且语言简练，如"一经使用本品，便……"，体现了商务说明书的专业性。

可见，英汉商务说明书存在相似之处，但因文化上的差异也在用词和表达方式上出现了差异。

---

① 李太志.商务汉英语言文化对比分析与翻译[M].北京：国防工业出版社，2013：118.

产品手册是常见的解释性文本,由制造商编写,旨在为消费者提供有关产品的名称、用途、性质、性能、原理、结构、规格、用法、维护、注意事项等的全面而清晰地介绍,以便人们可以识别和理解产品。产品手册的基本属性是宣传产品以唤起消费者的购买欲望,从而实现购买并促进商品流通。

下面以化妆品的产品手册为例,对比和总结中英文产品手册的修辞特征。随着经济全球化的发展,以及人们经济能力的提升,越来越多的国外化妆品进入中国市场,中国的化妆品也流入海外市场。作为产品的介绍工具,化妆品说明书对产品的销量,以及对顾客的吸引度起着非常重要的作用。因此,准确地翻译化妆品说明书对化妆品产业的发展具有重要的意义。

(一)英汉化妆品说明书的共性

由于中西方的文化差异以及产品种类繁多,因而化妆品的说明书具有各式各样的特点。但是商品说明书的性质决定了各种说明书的共性。一般来说,商品说明书内容由四部分组成:(1)化妆品的特征功能和成分;(2)使用的方式;(3)注意事项;(4)主要的指标和规则。

在语言特征上,英汉化妆品说明书上都具有专业性的特点,二者都包含化妆品相关的专业术语。例如,梵蜜琳自然防护隔离 BB 霜的说明书中的产品介绍部分:

原文:"Refreshing and breathable texture, fresh and not greasy, waterproof and anti-sweat, can effectively block the UV."

译文:"质地清爽透气,清爽不油腻,防水防汗,可有效阻隔紫外线。"

该产品是一款化妆品,因而"refresh, fresh"不应翻译为"新鲜",而是具有化妆品语言特色的"清爽"。再者,"UV"作为一个专业术语,中文有其对应的专业名词"紫外线"。因此,英汉互译的过程中不可自我臆想,仍需仔细查阅相关资料,运用恰当的词汇,使其具有可读性,便于受众理解和接受,达到介绍产品和促进营销的效果。还有,介绍产品的使用类型时会使用到类似 facial cleanser/face wash(洗面奶); toner/astringent(爽肤水)"; moisturizers and creams(护肤霜); moisturizer(保湿); sun screen/sun block(防晒)等以及在介绍化妆品的主要成分时会用到甘油（glycerin）、甘油硬脂酸酯（glyceryl stearate）、Dual Target Vitamin C（双效修护维生素C）、plant extracts（植物精华）、clarifying agent（净化成分）、biological gum（生物糖胶）、Hyaluronic acid（玻尿酸）。

与其他产品说明书相似，中英文的化妆品说明书在使用方法以及注意事项方面，多使用简单句以及祈使句。

原文："Usage: Please use it every morning and wash it off at noon; please use it on evening and wash it off before bedtime; for those career women who need make-up at daytime, please use it once on every evening and wash it off before bedtime."

译文："使用方法：早上使用，请中午洗掉，傍晚使用，请中午洗掉；白天需要化妆的职业女性，傍晚使用一次，请睡前洗掉。"

在英文的介绍中，多次使用"please""请"的句型，加强句子的语气，表明一种谦逊的语气，拉近与读者的距离，令读者感受到商家的亲切的态度和体贴的服务。句子较为简单，简洁明了，令读者一目了然，能够快速获取有效信息。再者，简单句型能集中读者注意力，令读者对产品的印象更加深刻。

源文："Caution: Please drink less during usage, eat less spicy food, get enough sleep and keep away from ultraviolet light or strong light exposure for a long time."

译文："注意事项：使用本品期间应少饮酒，少食辛辣等刺激性食物，保持充足睡眠，避免紫外线或强光的长时间照射。"

注意事项中多使用"please, drink, eat, get, keep away from"，以及中文版本中的"少饮、少食、保持和避免"，无主语，动词开头的句子，动词起到强调的作用，起到警示读者作用，做到提醒读者，进行积极的引导消费者正确使用产品，避免不良后果，提升消费者的使用感。

（二）中英化妆品说明书修辞差异

由于中西方文化的差异，中西方语言的表达方式和运用之间存在着巨大的差别，语言运用的差异使中英化妆品说明书之间各具特色。

在产品描述方面，中文会运用一些夸大的词语和语气，从而吸引消费者的眼球，提高消费者的购买欲，从而促进产品的销售，增加生产者的利润收入。请看下例中雅诗兰黛密集特润修护精华露的介绍。

"内涵突破性配方,拥有5倍浓度的神秘修护复合物,彻底改善肌肤状况。强力聚合三种创新科技,集中作用于21个夜晚,大幅度加强了肌肤自我修护功能,使之能够对抗更多压力伤害,重获健康新生。"

该产品的中文描述中为了突出精华液的非同一般,使用了"突破性""神秘""大幅度"等词语令消费者眼前一亮,但是我们不免看出,这只不过是一种夸张的描述。以及其中提到"彻底",使得说法过于绝对,表明该介绍为了追求广告的效果,而忽视了客观事实。

但是在英文说明书介绍方面,更注重中立和运用中肯的语气,表现西方产品描述更加追求真实的态度。比如下例中百合防晒中的描述,其中使用reduce表示该防晒霜只是拥有一定的功效,并非如上例中"彻底"描述得那么夸大化产品的效果。

"...provide the skin with double protection, reduce the damage of UV&UVB to the skin and prevent the skin from sunburn, suntan and the occurrence of fine veins; moisturize and nature the skin, make it soft, smooth and delicate."

在词语特点选择方面,中英化妆品的说明书也各不相同。英文化妆品说明书倾向于使用复合词。比如block-flaw(遮瑕)、block-pore(控油)、anti-aging(抗衰老)等相关复合词,而汉语中多使用四字结构,类似于"色泽持久、色彩时尚、粉质细腻、均匀服帖、质地舒适"等四字结构,使句子整齐,而且通俗易懂,朗朗上口。

英语中语法比语言的节奏重要。汉语则恰恰相反,语音和节奏受到高度重视。在如下CLINQUE COLOR SURGE IMPOSSIBLY GLOSSY(倩碧丝滑恒润唇彩)的化妆说明,英文采用unbelievable以及light给予人无限的遐想。汉语中采用"方、光、放"采用押韵手法,使句子读起来气势连贯,意思表达清晰,并且达到音韵美、节奏美和形象美的统一。

原文:"Unbelievable shine and comfort. Light moisturizing formula."

译文:"富含闪亮恒润配方,夺目唇光,精彩绽放。"

英语语言较为平凡朴实,而中文辞藻华丽。有时为了突出产品的效果会采用一些修辞手法,使得产品形象化,给予消费者更清晰的印象。下例中,英文直接表达block和strengthen the resistivity,表明防晒霜的阻隔作用。然而,中文中使用比喻的修辞手法,将"防晒霜形成的膜"比喻为"一层保护伞",形象生动地描述该产品的功效,使得令消费者困惑的事物变得具体,消除消费者困惑的同时,也加深他们对产品的印象。倘若直接用"阻隔",此类直白的词语,就达不到这样的效果。在产品特点方面,中文经常使用"晶莹亮白、水凝通透、光彩动人"等华丽的词语,使句子抑扬顿挫,读起来顺畅,同时极具感染力,赋予句子一种节奏美。

原文:"Being refreshing, it slower the oxidation caused by free radicals and blocks kinds of radiation to strengthen the resistivity of the skin."

译文:"缓解皮肤暗沉等肌肤问题带来的尴尬,打造清新裸妆的同时给肌肤提供一层保护伞。"

在英汉翻译过程中,译者很容易掌握两种语言的相似性。译者可直接将英文直接翻译成中文。然而,译者很难处理两种语言的差异性。因此,译者翻译过程中需要遵守一些翻译的原则,以在翻译过程中实现功能对等。

第四节 跨文化交际背景下商务英语说明书翻译的原则与策略

要开展基于跨文化交际下的商务翻译活动,译者在掌握商务英语说明书的语言特点和英汉说明书差异的基础上,还应遵循一定原则,运用一定的方法。因此,本节就来探讨跨文化交际背景下商务英语说明书翻译的原则和策略。

一、跨文化交际背景下商务英语说明书的翻译原则

(一)专业规范原则

一些商务英语说明书的专业性很强,包含大量的专业术语,在翻译这些术语时,译者应遵循专业规范原则,即在翻译过程中保持译入语的专业术语规范。译者在翻译之前必须先对相关的专业知识有所了解,当遇到一些无法准确传达原词义的词汇时,应及时请教一些行内专家或查阅词典。例如：

Avoid using any combustible material near the appliance; comply with the operation instructions when cleaning anti-grease filters and when removing grease deposits from the appliance.

不得在抽油烟机附近使用任何易燃物；清洗除油烟过滤网罩和油垢时务必遵照操作说明。

译者将原句中的 combustible material 翻译成"易燃物"，anti-grease filters 翻译成"除油烟过滤网罩"，grease deposits 翻译成"油垢"，做到了专业规范。

值得提及的一点是，在翻译商务产品说明书时，术语的翻译一定要符合目的语的专业术语规范，否则会让消费者特别是专业技术类读者感到不知所云。尤其是在翻译药品说明书时，首先要特别注意一些术语的翻译。例如：

It is used for the treatment of infection before the infecting organism has been identified or when caused by sensitive bacteria.

在感染体尚未确认或因敏感细菌引起感染时，使用本品治疗。

该例原文中的 infection, infecting organism, sensitive bacteria 均为医学术语，译者将其分别翻译成"感染""感染体"和"敏感细菌"等。

（二）客观真实原则

由于商务英语说明书的目的使产品使用者了解产品的使用信息，所以不管什么类型的说明书都要遵循客观真实原则。对产品使用的描述只有做到客观真实，不夸大功效，无信息遗漏，才能使消费者全面地了解某产品。例如：

Pantene Pro-V Treatment Shampoo now contains even more Pro-Vitamin B5, which deeply penetrates your hair from root to tip, making it healthy and shiny. With a built-in conditioner, Treatment Shampoo cleans and conditions in one easy step.

潘婷 Pro-V 营养洗发露现含有更多维生素原 B5，营养能从发根彻底渗透至发尖，补充养分，令头皮健康、亮泽。潘婷 Pro-V 洗发露兼含护发素，能够做到洗发同时护发。

（三）简洁通顺原则

对于商务英语说明书，译者只有保证其译文的简洁通顺，才能为一般的读者所理解和接受，从而充分发挥说明书的功能，提高对读者的吸引力，增强产品的市场潜力。并且，在跨文化交际背景下还应符合译入语的行文规范，注意句式句型的转换。例如：

HBTS declines all responsibility for damages caused by incorrect load handling performed by unqualified personnel or with inadequate equipment.

对由不合格人员或使用不完善设备进行不正确的运载处理所造成的损坏，HBTS 将一概不予负责。

If replacement parts are used in making repairs, these parts may be remanufactured, or may contain remanufactured materials. If it is necessary to replace the entire product, it may be replaced with a remanufactured product.

若维修需用替换零部件，则这些零部件可以是翻新过的，或含有翻新过的材料。如有必要替换整个产品，则可能用翻新产品替换。

（四）忠实原则

无论是怎样的翻译，我们都必须做到忠于原文，不可随意更改原文意思。作为产品介绍的重要工具，商务英语说明书对产品的发展起着十分重要的作用。商务英语说明书作为产品介绍的科技类文体，必须保持客观性和中立性，否则就会误导消费者，从而引起消费者的反感，导致销量下降。西方国家的产品说明介绍大多持有一种中肯的态度，而我国产品为了扩大产品的功效，带有些许夸张的语气，但仍然可以被消费者所接受。因此在翻译的过程中，切忌使用"完全""彻底""一定"等过于绝对的词语，以免引起消费者的误导，影响产品和公司的形象。

（五）准确性原则

翻译的作用就是将一种语言转换成为另一种语言，使不同语言的人进行有效的沟通交流。只有准确地进行翻译,才能够有效地传达信息。在商务英语说明书的翻译过程中,要格外注意产品的专业词语。比如 firm(紧致),在化妆品领域中,要使用其专用词,才不会让消费者困惑,使其快速获取和理解信息,因此 firm 在化妆品上大多数译为"紧致、紧肤",不应翻译为其常用的意思"坚固"。在翻译的过程当中,要做到充分了解、行业的相关术语,遇到翻译障碍,要及时查阅资料和寻求相关人士的帮助,切勿使用非专业词代替专业术语。错误性的翻译会给予消费者带来阅读性障碍,降低消费者了解产品的兴趣和欲望,无法吸引潜在客户的注意力,因而达不到宣传产品的效果。

（六）可读性和感染力原则

由于说明书往往同时具备广告功能,因此其语言具有较高的可读性,因而在翻译时请注意适当控制和使用目标语言。既要通俗易懂,也要适度地运用文学性语言,以达到广告的效果。

中文偏向于使用四字词语,使文字更加灵动而具有美感。但是,在英文中却没有一一相对应的词语与之匹配。例如,"give natural and lovely colors with a glossy shine."（增添双唇如珍珠般的淡淡色彩,自然亮丽）,"自然亮丽"四个字就囊括整句英文所要传达的信息,四字结构的用法与符合中文习惯,既做到简洁明了,也做到通俗易懂。"增添双唇如珍珠般的淡淡色彩"采用增添的译法,英文中并没有与之完全对应的句子,增加词语的译法是为了使句子更加通顺,也是对产品的进一步地阐述,使产品形象更加鲜明。此外,还采用了比喻的修辞手法,"如珍珠般的淡淡色彩",突出唇膏透亮的特点,增强消费者购买的欲望。

由此可见,商务英语说明书的翻译,尤其是对产品功效和特点描述方面,译者要充分理解原文,适当地增加或者删减词语或者短语,做到表达清晰和简洁通顺。英译中时,也可适当地使用一定的文学性描述,使意思明了,还能通过文字表现出产品的一种美感和鲜明的特征。

二、跨文化交际背景下商务英语说明书的翻译策略

受文化差异的影响,在翻译商务说明书时,不得不考虑文化问题。下面以化妆品说明书的翻译为例,研究基于文化差异的商务英语说明书的翻译方法。

(一)以文化背景差异为基础进行翻译

对于中国产品而言,要想树立良好的品牌形象,走向国际,就要在产品中增加一些有代表性的文化信息,如中医中的护肤概念和配方。由于中医中的专业名词在英语中是没有对应解释的,所以译者在翻译化妆品时既要保留对中医概念的宣扬,又要使西方消费者也明白这些意义。例如:

可采根据《神农本草经》理论核心的四气五味及七情合和,采集大香格里拉地区原始森林中的多味草精华,经33道工序,古法秘制出独有的[营肌五味]活肤容汤。长期使用,改善暗黄粗黑肤质,润养肌肤健康营润。(可采莹润深层嫩白睡眠面膜)

According to Traditional Chinese Medicine bible Shen Nong Ben Cao Jing, Cortry makes a unique Ying Ji Wu Wei traditional Chinese medicine compound through 33 traditional wording procedures with many scarce herbal medicine from the virgin forest of Shangrila. Ying Ji Wu Wei can moisten your skin and keep it healthy.

原文中出现了很多中医中的术语。在翻译"四气五味""七情合和"时,译者采用了删译法。但对产品的主要配方"营肌五味",译者则采用音译和注释相结合的方法,即 unique Ying Ji Wu Wei traditional Chinese medicine compound。在翻译"《神农本草经》"时,译者同样采用了音译加注释的方法,即在音译的同时增加信息 Traditional Chinese Medicine bible(中医中的《圣经》)。译者在翻译过程中充分考虑了中西方文化的差异,用《圣经》作比较,让西方消费者也可以领会到此著作的权威性。

(二)翻译时考虑中西方人的思维差异

中西方不同的思维方式体现在:英语喜抽象思维,汉语重形象思维。译者在翻译化妆品说明书时也要考虑思维差异上的问题。英文化妆品说明书常采用客观的口吻,中文化妆品说明书则经常使用比喻修辞格。中文化妆品说明书会用有着美好意义的名词作喻体,引发读者的感

受。例如:

Natural Charcoal effectively absorbs and removes excessive sebum and dirt.

天然活炭成分,像磁石般有效吸走油脂及深层污垢(曼秀雷敦男士活性炭沐浴露)

(三)联系中西方文化意象的差异展开翻译活动

在汉语化妆品说明书中,经常会出现一些中国古典文化意象的名词。这些词经常会以汉语独有的四字形式出现在说明书中,很符合说明书短小精悍的特征。在翻译这类说明书时,译者可以采用删译法。例如:

清透爽洁,细致嫩滑,能迅速渗透,补充肌肤必要的水分和养分,有效改善肤色不均,令肌肤全无负担,白皙透亮,如出水芙蓉般水嫩透白。(佰草集美白嫩肤露)

This light and refreshing emulsion can be quickly absorbed by skin, providing essential hydration and nutrition. It can effectively balance skin tone and leave the skin fair and radiant.

原文中的"出水芙蓉"出自"谢诗如芙蓉出水,颜如错彩镂金"中的诗句,如今用于形容天然艳丽的女子。译者在翻译时,考虑到中西方文化意象的差异巧妙地采用了删译法。

第六章 商务英语广告翻译与跨文化交际

商务英语广告是受到人们普遍欢迎的大众传媒形式之一,它具有通用性和流行性等一些基本的语用特征。作为一种具有特殊功能的文体,商务英语广告在信息传递与信息交流方面也显露出一些特殊性。本章主要研究商务英语广告翻译与跨文化交际。

第一节 商务英语广告简述

一、商务英语广告语体的功能

英语作为世界上最广泛使用的语言,和所有其他语言一样,其基本功能同样在于传递信息、维持人际关系、表达情感等。商务英语广告语体也是英语语言社会功能变体的一种。

广告语体,既受时间和空间的限制,但又要求达到立竿见影的传播、促销效果,必须具备相当的特点,才能在有限的时空中让广告说明情由、鼓动情绪、给读者留下深刻印象、促使社会行为的发生。那么,商务英语广告语体究竟具有哪些方面的功能和特点?这些功能和特点又通过什么样的手段实现呢?

与普通英语相比较,从语言的基本功能方面看,商务英语广告有其自身的特色和侧重。它主要借助语言的应酬功能、信息功能、情态功能作为行为手段和工具,以实现移情功能、指令功能作为行为终极目标的语言行为。

二、商务英语广告的表达方式

(一)创造性

从信息交流模式的角度看,广告的信息交流具有间接性和单向性。绝大多数广告的信息不是通过信息发出者直接面对面地传达给信息接收者,接收者对信息的反馈也不是立竿见影地表现出来,更不存在任何即兴的互动。这给信息的有效交流和传递造成了一定的障碍与限制,迫使广告制作人努力探索独特、有效的信息交流方式,以顺利实现交际意图——宣传、美化、推广广告信息。

商务英语广告表达方式的创造性主要表现为语言使用的特、新、奇,即广告制作人创造性地运用现代英语的词法、句法、语用规则和诸如类比、双关、对照、设问等人们喜闻乐见的修辞手法,使之具有某些特别的含义,以顺利实现交际意图;换句话说,就是广告人尽可能采用各种途径,在有限时间和空间里,引发广告受众的注意,使之意识到问题和需要的存在,并感受到广告的感染力和震撼力。商务英语广告文体常借助设问型、警醒型、比较型、幽默型等表述方式实现引发注意的言语功能。

(二)美学性

商务英语广告的美学特点主要体现在:形式、音韵、意境等几个方面。

1. 形式美

广告为了刺激人们的视觉感官,都会特别注重其外在的形式之美,以求最大限度地吸引人们的目光。好的广告能让人感到眼前一亮,极大地引起读者的注意和兴趣,让读者产生消费欲望,进而过目不忘,并最终付诸购买行动。

2. 音韵美

"有节奏、有旋律、能押韵的声音(即乐音)才能悦耳动听"。广告人在创意产品商标、起拟广告标题、构思广告口号、撰写广告文案时,无一例外地特别注重合理地整合音韵、推敲节奏、调配旋律,使广告语言不仅具有流光溢彩的视觉美,而且具有珠圆玉润的听觉美,不但能传递丰富的商业信息,还能以歌谣的形式广为传唱。

商务英语广告音乐美主要借助于语音的组合、节奏的和谐及韵律的搭配来营造悦耳赏心的效果,带给广告受众审美快感。

为了使广告语言能完美地体现商品和(或)服务的特点,并打动消费者,广告人往往会有意无意地运用英语的语音特点与适当的音素组合,在语音与语义间搭起桥梁,使听者产生丰富的语义联想。

语言学家对英语语音的研究表明:(1)辅音可分为柔软与刚硬两种,边音、鼻音、擦音听起来比较柔软、绵长,而爆破音则显得比较刚硬、短促;(2)元音中开口度小的前元音等听起来清脆单薄,而开口度大的后元音以及双元音则显得洪亮厚实。

这些音素所具有的最基本的音响特质能刺激人们的听觉,激起不同的联想,产生不同的情绪。如在著名的体育用品商标 Adidas 中,第一个 /ɑː/ 饱满而结实,紧接着一个 /di/ 短促且清亮,再加上一个刚性十足的 /dɑː/,最后出现轻柔绵延的软音 /s/,形成由:

/ɑː/— /di/— /dɑː/— /s/

四个音节构成的明快组合。"啊—嘀—哒—嘶",读起来"嘀哒"有声,错落有序;听起来,恰似运动员跑步时的轻快的脚步声和有规律的呼吸声,唱和之间立刻带给人一种参与竞技运动得酣畅淋漓。这种刚柔相济的语音组合将感情色彩丰富的音韵发挥到极致,构建出跌宕起伏的乐感,进而成功地运用语音展现并突出了商品的形象和特点,因而能强烈地刺激广告受众的感觉器官,并在他们的记忆深处留下永久的烙印。

节奏可以简单地理解为音乐或语言中"轻、重音的搭配模式",它也是广告人最青睐的有效的创作手段之一。广告设计者有意识地让广告中说话人话语的"气流依某种规则流动,在时间上保持相等距离而反复振动声带",从而获得轻重相间的节奏,使广告词读起来高低升降变化丰富,抑扬顿挫宛转悠扬。轻重相间的"嘀嗒、嘀嗒"型节奏正是英语语言最主要的节奏特点。"通顺的英语大多数符合轻重相间的节奏",它也是"英语传统诗歌的主要节奏"。

押韵原指诗歌中,词语与词语之间,诗行与诗行之间,相同的或相近的音素按照一定的规律,间隔的重复,它是诗歌语言特有的语音模式。英语诗歌语言的韵律搭配模式有很多种,其中以尾韵,即结尾押韵居多。尾韵要求行末重读音节的元音及其后之辅音或轻读音节相同,(至少相似)。

在广告中合理搭配韵律能让广告话语的诵读具有极强的乐感,能借助其音乐性,达到激活听众音乐审美情趣、吸引听众的广告效果。因此,押韵是广告人不可或缺的工具,在广告创作中得到广泛地运用。

3. 意境美

优秀的广告也蕴含着诗一样的意境,也是意与境的和谐统一。在广告中,要在传达商品信息的同时倾注对读者的感情或激发读者与商品或服务有关的美好情绪,使心灵得以沟通,使读者产生对所推销的产品与服务的神往,进而发展成强烈的购买、消费欲望。达到这一效果的重要手段之一就是运用语义丰富的词汇、语法结构,将广告的语境诗化。

优美的诗歌语言,以它独特的意境美征服了无数的读者。商务英语广告,特别是软卖型商业广告,为了实现劝说或诱导功能,也移植了诗歌独特的美学表达方式。广告人赋予广告以美好的诗歌般的意境,充分唤起广告受众的美好情感,给他们带来美的享受,使其在不知不觉中接受广告所传递的商品信息,使意境所激起的美好情感绵绵不断地影响消费者,并最终实现销售商品和服务、巩固消费群体的目的。

语言作为艺术的一种主要表现形式,其目的在于审美:即给人以高尚的情趣和精神上的享受。广告语言的目的不仅仅在于审美,更主要的是传递产品或劳务信息,引起人们的关注,引导和刺激人们的消费。这样,广告语言就具有双重性,一方面具有应用性,另一方面具有审美性(文学艺术性)。因此,它既具有鼓动性、说服力,又是半文学文体,具有语言研究的价值和艺术审美性。

(三)经济性

语言的经济性就是指用最简练的语言表达最丰富、最深刻的内容,做到言简意赅,使人有"言虽尽而意未穷"的感觉。作为"半文学文体",商务英语广告也同样具有语言的这种经济性特征。但是商务英语广告语言的这种经济性特征是在首先体现商务英语广告语言"应用性"的前提下展示出来的。

第六章　商务英语广告翻译与跨文化交际

高水平的商务英语广告要求语言的"应用性"和"经济性"二者的完美结合。语言经济性要求广告创作人员力争使商务英语广告语言用词简洁、凝练，尽可能多地表达产品的信息，增强广告的吸引力和渲染效果。因此，研究商务英语广告语言的经济性对商务英语广告的创作有着重大的现实指导意义。

一则成功的商务英语广告既要简明扼要，又要明白准确地体现广告内容。其经济性主要表现在以下一些具体方面。

其一，为使商务英语广告简洁经济，尽量使用单音节词汇，如简短动词、简短形容词、缩略词、词缀、创意拼写等。例如：

Go well, use Shell（跑得快，用壳牌）

（壳牌汽油）

Fresh up with Seven-up（喝七喜，涨神气）

（七喜汽水）

第一个广告例子的四个词全是单音节词，简洁、明快、清晰地告诉消费者使用 Shell 的益处和实惠，同时突出了"壳牌"商标的形象。

第二个广告例子的 fresh 在表明消费者对"七喜"饮品的清新感觉的同时，还突出了 Seven-up 的惬意，可谓一语多用。

其二，句式结构简单明了，讲究简短有力、利落有声。商务英语广告较少选择使用结构错综、复杂的长句，大量使用简单句、省略句和祈使句，甚至词组、短语或独词句。比如：

Focus on life.（聚焦生活）

（奥林巴斯相机）

For the road ahead.（开路先锋）

（本田汽车）

商务广告需要在有限的时间、空间、成本费用内达到最佳的传播效果。因此，广告主题句在大量运用省略句，使句子简短的同时，又能保留和凸显它与所宣传的商品或服务密切相关的信息。商务广告主题句中的省略句,既可以省略主语,也可以省略谓语或其他成分。例如,上述第一个例子中省略主语,第二个例子中既省略了主语又省略了谓语,只保留了一个短语。

其三,祈使句大量应用。祈使句本身含有请求、命令、号召人们做某事的意义。而商务广告的目的也是说服、敦促目标受众采取某种行动(购买商品和服务)或接受某种观念,因而,祈使句被大量采用在广告主题句中,如下述前两个例子。用短语或词组表现商品的特点或功能,如下述后两个例子。

Make yourself heard.(让世界听到你的声音)

(爱立信手机)

Just do it(该做就做)

(耐克运动鞋)

Lots to do.(就是那么能干)

(微软电脑)

Connecting people.(广交天下朋友)

(诺基亚手机)

商务英语广告大量使用省略句和祈使句,促发目标受众行动。广告创作人员希望使用最简单的广告主题句,让目标受众最精确地理解自己表达的含义——购买商品。从语言的经济性角度来看,商务英语广告要追求言语效用最大化。

为了提高语言的效用,商务英语广告创作人一旦将消费者已经了解或可能会基本认同的那部分信息视为当然,便不再使用言语描述,从而减轻言语交际中的言语表达的负担。

综上所述,商务英语广告语言具有特、新、奇的表意特征,形美、音美、意境美的美学特征,简短扼要和短小精悍的经济性特征。

第二节 商务英语广告的语言特点

一、商务英语广告中的词汇特点

（一）商务英语广告中的名词

从感知识别意义上看，名词的"信息稳定性、时间稳定性和认知稳定性"使名词必然带有言简意赅、形式瞩目的形式特征。正是这个特点决定了商务英语广告中名词的出现率最高。

商务英语广告中的名词，主要涉及宣传什么以及为什么宣传等方面内容。在广告中，大量使用名词词组，至少有一个好处，可以使篇幅缩短。在有限的篇幅中包含较大的信息容量，达到言简义丰。在广告费越来越昂贵的现代社会，使用名词词组还能大量地减少广告费用。

名词词组是以名词为中心词的词组，通常是由一个中心词和其他限定词和／或修饰语构成。

名词词组是广告文体中结构最复杂的成分之一，其独特之处在于它具有独立的语法地位，且大量作为独立分句广泛使用。

名词词组在标准英语里是句子的从属部分，不能独立成句，但在商务英语广告中却能在形态上成为一个独立句。例如：

A contemporary classic A timeless timepiece.（形容词前置）
当代的经典产品，永久的计时装置。

（手表）

Masters of detail…（of 介词短语后置）
细节大师……

（家具）

Each bracelet meticulously finished.（过去分词后置）
款款手镯，精工细作。

（手表）

The Relentless Pursuit of Perfection.（复合修饰语前、后置）
追求完美永无止境。

（凌志汽车）

The determination to excel. The drive to achieve. The commitment to be the best.（动词不定式后置）
超凡的决心，成就的动力，最好的承诺。

（韩国航空公司）

A destination that always leaves a big impression.（定语从句）
令您流连忘返的仙境。

（酒店）

以上例子的全部篇幅都被用来描述和赞扬商品或服务的优点。依照语法标准来看，它们都省略了主语及谓语动词，成为"无主谓句"。

但在广告中，将"次要"的句子成分简化省略后，关键词语则显得十分鲜明、突出、紧凑。试将这些"无主谓句"与它们的完整形式相比较，这类看似语法结构不完整的"无主谓句"，当置身于由广告内容所构成的语境中时，其形式简洁、风格洗练、内容浓缩的名词词组反而更能突出地表达最重要的信息。

商务英语广告中，大量名词词组替代独立句，它们虽然不同于传统语法意义上的句子，但在功能和意义上却与一个完整的句子等同。它们有时还借助于标点符号，如句号、破折号、省略号、冒号、问号、感叹号等来实现完整语句功能，体现其在商务英语广告中的独立地位。

(二) 商务英语广告中的形容词

形容词是指那些用来说明名词所指代的人和事物特性的词汇。五彩的世界展现出无尽的多样性，其构成要素纷繁，形态各异，色彩缤纷。

名词赋予这些东西以基本概念,形容词则用来修饰和限制概念的性状和特征。离开形容词,我们根本无法精确地描述我们眼前的世界。

商务英语广告经常使用评价性形容词,特别是褒义性的形容词,使广大受众对产品或和服务产生模糊且良好的印象,从而达到营销目的。这些形容词往往能使广告增色,故而,商务英语广告常被戏称为一个"没有罪恶、没有苦难、没有野蛮的奇妙世界"。商业宣传活动离不开形容词的描绘作用。

比如,质量既是消费者选购商品时时首要关注的方面,也是生产企业发展的必备条件。生产企业在推出优质产品的同时,还有必要大力宣传产品的优点,以吸引消费者。在广告活动中,形容词特别是表性状的形容词,对生动地描绘出广告商品的优良属性起着关键作用。

(三)商务英语广告中的动词

词汇学研究表明,英语动词是英语词汇当中最积极、最活跃的分子,语句描述的不同类别的情景都决定于动词时态的变化形式。动词当中最为喜闻乐见的则是单音节动词,它们简洁易懂、短小精悍,且富有各种语法功能,具有十分丰富、生动活泼的表意功能,因而最具表达力和感染力。

英语中这些具有非凡活力的动词,特别是单音节动词,自然颇受广告业者的青睐。

单音节动词能使广告信息简明扼要,易用易懂,因而大量使用于商务英语广告中。商务英语广告中的单音节动词比比皆是,不胜枚举。例如,buy(买)、call、choose(选择)、come(来)、feel(感觉)、find(找到)、get(得到)、give(给)、go(走)、have(有)、hear(听)、help(帮助)等。

这些单音节动词在人们的日常生活中经常使用,是英语中的核心词汇,意义明确、易认易识。商务英语广告在选择动词方面都会尽量使用单音节词来替代多音节词,使广告词读来朗朗上口且通俗易懂,就像在和消费者聊家常,不仅易于广泛接受,同时还能让各社会阶层受众一目了然、印象深刻。频繁使用很容易引起受众注意的这类动词,极有利于激发消费者对所宣传商品或服务的兴趣。

通过观察,不难看出,单音节动词有吸引消费者注意的功效,符合消费者渴望了解产品或服务(信息)的心理需求。

在当今，使用单音节词除能有助于节省字字千金的巨额广告版面费用外，更重要的还是它们便于读者辨识、朗读、理解和记忆，能收到很好的广告效果。同样，广告标题、口号也多偏爱单音节动词，这还是因为它们创造的动感能为广告注入活力和生命，给读者留下生动鲜明的形象。

二、商务英语广告中的句法特点

作为英语语言的一种社会功能变体，总体上说，商务英语广告在句法上不仅完全合乎通用英语语法体系的规则，而且能更"有意地"利用这些规则来表达广告人的意图和诉求。

（一）商务英语广告中的时态

"基于拉丁语语法的时态系统，一般认为英语有十六种时态"，通常不同的时态表达在不同的时间段或进行或完成的动作和行为。

商务英语广告中，时态的选择往往会出于某种特定需要，而有所侧重，明显透露出"有意为之"的痕迹。

1. 广泛使用一般现在时表达非限制性时间

一般现在时往往给人的一种错觉：它似乎把过去时和将来时都排除在外。事实上，它包含两种截然不同的情形：即时现在和非限制性现在。前者的确不包括过去时和将来时，它主要局限于表达一些瞬间性的动作。而非限制性现在指的是既包括当前，又无限制地延伸到过去和将来的时间，除非有其他限制，如表示现在的时间状语，如 nowadays（现在）、presently（目前）等。

商务英语广告中，常用的实际上是非限制性现在时，其中通过延续性的动词来表达无时间限制的行为特征占大多数。商务英语广告中，非限制性现在时的运用多数暗含了这样的语用意义：商品生产者或服务者希望永久为顾客提供商品或服务的意图；或者反过来，也期望顾客永久地忠实于广告所宣传的产品或服务。

为了说服受众，广告撰稿人会采用任何可能的语言手段来使其所推销的商品超越时间的限制，一般现在时，尤其是非限制性现在时，刚好满足这种需求，所以常得到他们的青睐。

2. 过去时的使用

过去时通常用来表述过去某个时间发生的行为、动作或事件。在商务英语广告中常用来讲述过去发生的事件，并在当中嵌入所宣传的商品、理念或服务。

通常，只有在将现在情况与过去情况进行对比或对消费者在使用该产品前后变化进行描述时广告人才可能使用到过去时，广告语境中往往就含有过去如何不够好，而今发生了彻底改观的意味。但由于广告人多不愿意提及商品、服务的负面因素，所以这类广告在实际操作中并不多见。

3. 完成时的使用

完成时跟过去时一样，因其主要指过去发生过的事件，故而它在广告语中的使用也受到一定的限制。如果使用，完成时常用来宣扬老品牌、老厂家或老商家的优良传统、悠久声誉、不凡历史与光辉成就。

在商务英语广告中过去时、进行时和完成时的使用相对略少，而一般现在时的使用频率相对较高，尤其是非限制性现在时在商务英语广告中得到广泛使用，因为它隐含描述产品的持久性，能增强顾客对广告产品的信心，从而采取购买行动。当然，一则广告语对时态的选择使用往往还要视具体情况而定，有时撰稿人不是仅使用一种时态，而是几种同时使用。

（二）商务英语广告中的语态

英语的语态分为主动和被动。日常英语中语态的选用并不存在某种强烈的倾向性，主要视言辞表达方便、说话人的需要或强调的对象而定。但商务英语广告中的语态选择则有一定的特征：比较而言，主动语态占优，被动语态则尽量避免使用。究其原因，主要是以下几点。

首先，广告人为了宣传商品、服务或商品服务提供者，总会利用有限的篇幅，尽量渲染被宣传对象的特征、品质，以及在与同类商品或服务比较中凸显出来的优点。商务英语广告语篇中的语句多为宣传商品质量高、赞扬商品经久耐用、刻画商品的使用给消费者带来的愉悦感受等方面特定的描述性语句。这类语句的基本结构多为：

P1 主语 + 系动词 + 表语
P2 主语 + 不及物动词或
P3 主语 + 及物动词 + 宾语(+ 宾补)

其中,主语主要由表示商品、服务或商品服务提供者等的名词或名词性词组担任。谓语多由系动词、不及物动词,或者由具有役使语义的及物动词充当。前两者用以引出描述主语的性质、特征或状态的表语,后者用来引出宾语和主语能给宾语带来的结果。表语位置出现比较频繁的是名词、形容词、动词的分词形式。宾语则主要是广大受众或潜在消费者。以上几方面语法功能均决定这几种类型的语句一般都用主动语态来表达的。

其次,从人际功能的角度讲,商务英语广告多采用主动语态也有两方面因素。广告语句以商品服务提供者为句子的主语时,能表明商品服务提供者为消费者提供产品或服务的积极主动性;而以消费者为语句的主语时,则突出的是广告中的消费者使用商品的愉悦感受,并暗示购买和使用是消费者主动、自愿,甚至是积极的行为,从而暗示产品或服务的高质量、好信誉和备受欢迎的程度。这两种因素都极易诱发消费者的购买热情,这两种效果借助被动句通常是难以实现的。故而,相比于被动句,主动句更具有感染力和促动力,也更能为广大消费者接受。

被动语句的使用多会让消费者有被动的感觉。消费者一般来说都愿意将自己想象成广告的俊男靓女,若使用主动语态的语句,能让消费者在潜意识中觉得自己就是广告产品的主动执行者、展控者,进而如其所愿地进行选择和购买产品。所以,主动语态的句子还能避免让消费者内心产生被迫、被欺骗或强买强卖等不良情绪。

此外,人们理解一个被动句比理解一个主动句所花的时间要多。商务英语广告多用简单的口语语体,而口语语体多用主动句。比较而言,在广告语中避免使用要花时间才能理解的被动句。由此可见,商务英语广告中主动语句的大量使用也就不足为奇了。其他广告中偶尔会用到被动语态,但其中所占比例是少之又少。

第三节　商务英语广告中的跨文化交际因素

一、商务广告中的英汉语思维模式差别

广告文案的创作有赖于语言文字的运用。而语言与思维是密不可分的,语言不同,思维也不尽相同。

一般来说,英语的思维呈"直线形",一篇文章通常以一个主题句开头,直接点明中心思想,然后在以后各句中发展这一中心思想。或者与此相反,先有例证句,最后以主题句收尾,即典型演绎型和归纳型。汉语的思维则呈"螺旋形",汉语文章的展开多数也呈螺旋式变化,即作者不直接进入主题,而是在主题外围"团团转",从各种间接角度来说明问题,最后画龙点睛。这往往使英语读者感到困惑不解,英语"直线形"与汉语"螺旋形"思维模式的差异,对广告文案内在逻辑结构存在重大的影响。英、汉思维模式的差异在以下两则广告上反映尤为明显。

嘉士利,为你珍藏童真的滋味
那一年,我和妹妹去乡下姥姥家,
我们在田野上奔跑,
在小河里钓鱼,
在收割过的麦地拾麦穗,
空气里尽是迷人的清香!
现在,很难找到那种感觉了。
田野变成了厂房,
小河也不见了。
噫!这是什么?
味道真特别,
使我想起乡下那麦地迷人的清香!
嘉士利饼干,
为你珍藏童真的滋味!

上述中文广告诗以嘉士利饼干为创作主题,但广告诗中的大段文字都只是回忆儿时情景,与饼干毫不相关,直到读完广告的最后两句,读者才恍然大悟:嘉士利饼干是儿时记忆中的美味。

英文广告大多按"直线型"模式布局信息。例如:

Luvs helps stop leaking better than any other shaped diaper. Hands down.

比起其他尿布,Luvs 尿布更能防渗,更易操作。

这则有关 Luvs 尿布的商务英语广告直接点明产品名称及其与众不同的特点:构思方式完全呈直线型。

二、商务广告中英汉词语的文化联想差别

几乎任何语言都有修辞。中文无论诗文,还是词曲,都讲究赋、比、兴。英语语言善于运用象征手法来拟人寓情。但由于各种语言文化发展的历史背景、社会形态、思维方式迥异,很多概念所蕴含的象征意义有很大程度上的差异。

比如在汉语当中,月亮被中国人寄予了无限的情思。"明月几时有,把酒问青天",籍皓月以抒万丈豪情;"海上升明月,天涯共此时",借明月以表百般牵挂。月光在中国人的心目中还是纯洁的象征,人们常常用"皎洁"来形容月光之亮,它是纯真、浪漫爱情的催化剂;同时,月光又蕴含着另外一层深意——"月是故乡明",在中国人的心目中,月亮是故乡的化身,是幸福、团圆、美满、祥和的象征。

反观月光在英文中的象征意义,在西方人的心目中,月圆之夜是鬼哭狼嚎的不祥之夜,因此,moonlight 是疯狂、虚妄、恐怖、血腥的代名词。

李白的《静夜思》:"床前明月光,疑是地上霜。举头望明月,低头思故乡"。在中国是脍炙人口、妇孺皆知的唐诗精品。诗中的"月光"给人以无限的遐想。这首诗也被不少人士译成英语,译作大多以直白的方式表现,如 Arthur Cooper 所译的:

Before my Bed
There is bright moonlight,
So that it seems Like frost on the ground.

Lift my head, I watch the bright moon,
Lowering my head,
I dream that I'm home.

应该说 Arthur Cooper 的译诗基本上做到了对原诗内容的忠实,但未能做到形式上和音韵上的和谐统一,有形美和音美,但谈不上意美。如此翻译过来,自是索然无味。

相比之下,许渊冲的译诗更好地传达了原诗的"形美"和"音美":

A bed, I see a silvery light,
I wonder if it's frost aground.
Looking up, I find the moon bright;
Bowing, in homesickness I'm drowned.

但以上两首译诗存在的共同问题是,象征概念无法表达准确。西方读者无论读到谁的译作,眼前都会浮现这样一幅画:惨白的月光下面,一个人一会儿抬头仰视,一会儿低头沉思。这幅画面,在他们看来是很恐怖的。圆月之夜,抬头从冷月汲取精华,低头积蓄野性的不是吸血鬼就是"狼人"。在没有任何文化背景介绍的情况下,西方人会认为这首诗写的是"狼人"在月圆之夜野性回归的情景。

再如,在中国封建社会,人们把"龙"和"凤"作为皇权或者吉祥的传统象征,因而这两个词在汉语里极富褒义感情色彩。在西方人眼里,"龙"却是邪恶的象征,"凤"则与复活、再生有关。

因此,在撰写或翻译广告文案时,不能只注意到词语的字面意义,还必须研究词汇的文化联想意义。

第四节　跨文化交际背景下商务英语广告翻译的原则与策略

一、跨文化交际背景下商务英语广告翻译的原则

（一）连贯性原则

连贯性原则指译文必须符合语内连贯（intra-textual coherence）的标准，即译文具有可读性和可接受性，能够使目的语读者理解并在译入语文化及使用译文的交际语境中有意义。忠实性原则（fidelity rule）指原文与译文之间应该存在语际连贯一致（inter-textual coherence）。这相当于其他翻译理论所谓的忠实于原文，但与原文忠实的程度和形式取决于译文的目的和译者对原文的理解。例如：

原文：Make lips glimmer with a kiss of sugary shimmer. Apricot Kernel and Avocado Oils deliver nourishing hydration. Plus a complex of Orange Peel, Barley and Wheat Germ help protect against future dryness. In seconds lips feel soft, smooth. Look oh-so-sweet.

译文：微亮光泽带来娇艳好气色。富含海檀木油、牛油果油和芦荟等明星植物精粹帮助防止干燥，几秒钟内双唇柔软、光滑，立刻如果冻般嘟嘟水润。

（唇膏广告）

译文符合连贯性原则，在意义上保持了与原文语际连贯一致，又加入了不少炫华的词语，如娇艳、富含、明星植物精粹等，将口语化 oh-so-sweet 升华成"如果冻般嘟嘟水润"，弱化原文口语化特征，使译文更加合乎国人的美学价值，赋予了译文更强的表情、移情功能；略译 Orange Peel, Barley and Wheat Germ 等，减少了汉语读者累赘烦琐感觉；句法上连续使用汉语广告无主短，简洁明快，合乎汉语连贯、顺畅的表达习惯，因而对汉语读者更具可读性和更易于接受。

原文：The 1st swan-neck™ mascara is bent to work with the shape of your face for unprecedented access to all lashes. Corner-to-corner, root-to-tip giving the ultimate in length, lift and volume.

译文:首款天鹅颈浓密睫毛膏可与您的脸型完美相配,为所有睫毛提供前所未有的轻松上妆体验。从内眼角到外眼角、根部到尖端的全方位包裹带来无与伦比的纤长、卷翘和丰盈美睫。

(睫毛膏广告)

上述两个例子通过词汇、句法的调整,如增译浓密、完美、轻松、纤、卷、丰盈等,使译文更接近汉语读者的审美习惯,无论在语内连贯,还是语际连贯都实现了连贯性原则。

(二)忠诚原则

忠诚原则是由诺德提出的。诺德认为,译者对译文接受者负有道义上的责任,必须向他们解释自己所做的一切以及这样做的原因,这是忠诚原则的一方面。该原则的另一方面则是要求译者对原文作者忠诚。译者应尊重原作者,协调译文目的语与作者意图。

忠诚原则主要关注翻译过程中译者如何协调与原作者、客户、译文接受者等参与者之间的关系。诺德提出译者应该遵循"功能加忠诚"的指导原则,从而完善了该理论。例如:

原文:It contains H-Vitamin Herbal Complex whitening ingredient, which can penetrate into (vitamin b3, mulberry, gingko, ginseng, lemon) inner skin layers to help prevent damages from outside pollutions from inner skin layers.

译文:草本植物精华,如桑树、银杏、人参和柠檬,富含的多重维生素,包括维生素 B_3,能深入肌肤底层,净白肌肤同时,从底层有效防护外界污染对肌肤的伤害。

(玉兰油护肤广告)

忠实原则是功能派理论的又一个重要内容。对于广告翻译而言,是否遵守和遵守的程度,具体运用中依然应当优先考虑"目的原则"。广告语篇集多种目的于一体,实现 AIDMA 是广告语篇的共性目的,但具体到每一则广告,其目的又有所侧重。这些目的大致包括以祈使功能为主的语篇,以表情功能为主的语篇和以信息功能为主的语篇。

在翻译以信息功能为主的广告语篇时,译者通常会较多的遵守"忠诚原则",基本不改动原文中的信息内容;在翻译以表情功能为主和以祈使功能为主的广告时,译者常为了保证译文具有原文同等的表现力,甚至优于原文,或因语言文化的差异而对原文所涉及的有关语篇功能方面的词句、修辞手法,进行有意识的语义调整。

广告通常讲究创意,语言生动活泼,寓意深刻含蓄,这就决定了广告翻译应遵循与文学翻译或科技翻译截然不同的翻译法则:自然、准确、易懂、简洁。它强调的是:用目的语读者能接受得自然流畅的惯用表达法来重组和传达原文信息,使译文能反映原文基本信息的同时,展示鲜明的语言特点;广告原文中的信息和形象需要译者在译文中准确传递,避免歪曲和误导,准确是广告翻译的灵魂;翻译广告遵循简洁易懂的原则是指广告的文句特点能顺应目的语读者的解读习惯和要求。以上等等都表明,功能派翻译目的论是指导广告翻译实践行之有效的方法之一。

二、跨文化交际背景下商务英语广告翻译的策略

(一)直译

直译指的是含义对等、形式对应的翻译策略,即尽量大多保留原文句子结构和表达方式,实现形意对等,直译也可称为字面翻译。

奈达并不否认字面翻译,他真正反对的是从一种语言的表面结构翻译成另外一种语言的表面结构,因为在这个翻译过程中,人们尽量使这相关两种语言之间的形式结构相匹配,然而单纯的形式结构相匹配结果会导致"机械的对等和文体上的不能对等的翻译"。

奈达建议最佳的方法是:还原原文的要点,然后把这些要点从源语翻译成接受者语言,最后在接受者语言中找到形式上和语义上对等的表达方式。例如:

原文:优良的质量,优惠的价格,优质的服务。

译文:Unrivalled quality, Unbeatable price, Unreserved service.

原文:三包承诺—我们实行三包:包修、包退、包换。

译文:We offer 6-R guarantee:repair, replacement, and refund.

以上两例形意对等的标志是使用英语头韵修辞法,第1例中的"优"字和第2例中的"保"字,是音、形、义三者的完美结合。

第六章　商务英语广告翻译与跨文化交际

原文：你不理财,财不理你。

译文：If you leave "managing money" alone, Money will manage to leave you alone.

上述例子的译文仿照原文,通过回环修辞,引起"绕口令"的效果,原文和译文具有同样的结构和形式。直译方法通常用来进行广告标语和广告标题的翻译,因为它们原文的字面义和深层意义都非常明确、完整,形意对等的直译足以将它们的各层次含义充分表达出来。

直译把句子视为翻译的基本单位,同时考虑语篇和语境的制约,保留原文句子结构,努力再现原文的形式、内容和风格。如下列译例：

原文：安全驾驶——救人即救己。

译文：Drive carefully—the life you save may be your own.

原文和译文的结构几乎是相同的,意义也近乎一致。再如：

原文：After 20 years of daily use, the only thing we had fixed on this Zipo lighter was the hinge.

译文：二十年,天天用,席普牌打火机就换过铰链。

可以直译的广告语大部分是描述、陈述性的,简洁、质朴是直译追求的意境。例如：

原文：Breakfast without orange juice is like a day without sunshine.

译文：没有橘汁的早餐犹如没有阳光的日子。

上述例子用明喻修辞描述广告中说话人的感受,以直译的方法能较生动地再现原文的丰富的而想象力。

直译是最古老的翻译方法,也是最常使用的一种方法。之所以最为常用,是因为人类的物质感受和思维模式总是大同小异的。

鲁迅先生极力主张直译,认为翻译的第一目的是在博览外国的作品,和在外国旅行很相像,因此翻译必须有异国情调,即保留洋味儿。刘重德教授也较推崇直译,主张"能直译者则应直译"。

随着翻译学的不断发展,我国越来越多的学者认为,直译法既可保持"原汁原味""异域风情",又可从外国引进新鲜、生动的词语,句法结构和表达方式,从而使本族语言日益丰富,更加完美。因此,直译是可取可行的主要翻译方法。

(二)意译

直译不可能是万能的。因为不同的语种有不同的表达方式,不同的文化背景。而且,随着广告事业的发展,出现了越来越多意味深长的广告词,这些广告词使广告翻译者面临很大的挑战。要译好这些广告单靠直译是不够的,必须冲破原文形式的束缚,采用意译才能完美、准确地表现原广告传递的信息。这种情况下,译者采用的对等策略是"含义对等"。

正因为并不是所有的语言在表达形式上都是相同的。很多情形下,如果译者想在目的语中忠实地保留源语文本的内容,他必须调整,甚至放弃源语文本的表达形式,在译入语中重新建构表达形式,避免造成源语文本内容的严重失真、译入语晦涩难懂,或译入语读者误解,这种翻译方法就是意译。例如:

原文:Ask for more !

译文:"渴"望无极限!

(百事可乐广告)

原文:Ups. On time, every time.

译文:Ups——永远那么及时。

(Ups 快递广告)

原文:Every time a good time!

译文:分分秒秒,欢聚欢笑! (麦当劳广告)

以上三则广告的翻译都是意译,译文充分表达原文含义,且没有一个与原文的语句表达形式相同。

正如乔姆斯基所说:"译文应正确表达原文的内容,而没有必要在形式上完全与原文一致",况且很多情况下,甚至根本无法达成一致。此外,意译常能利用形象、生动、委婉的语言来吸引读者,就广告而言,对于推销商品,吸引顾客会有更好的效果。

广告汉译英中也有不少通过意译,实现含义对等翻译策略的。例如:

原文:汲取生物精神,焕发生命潜能。

译文:Essence of Living Beings, Energy for Life. (保健口服液广告)

上述广告译文舍弃了源语广告中两个动宾结构的祈使句,以两个名词短语代替,避免了实词过多带来的语义重心分散,运用含义对等策

略,使译入语读者和源语读者一样,集中关注广告宣传的主题"生物精神"与"生命潜能"。再如:

原文:为中国西部的腾飞加油!

译文:For the rapid development of West China!

(CCTV 西部频道广告)

上述广告原文包含隐喻"腾飞",是一句感叹语气的口号。其形式简洁有力,极富感召力。译文没有保持原有修辞格,而是通过意译直接点明原文辞格的喻义:快速发展,避免了直译"腾飞"可能给译入语读者带来的误解。译句同原句意义相同,含义对等,功能相似。

(三)转译法

依然由文化和语言上的差异产生的英汉不同的表达习惯,在翻译广告时需从原文的不同角度来传达同样的信息,即依照译语习惯,根据不同上下文和搭配,进行不同角度的转换概念和意义,这种翻译法成为转译法。转译通常可以采取以下几种主要角度。

1. 正反语义转换

因思维内容的表层形式不同,英汉广告中均有从相反角度来表达同一概念的现象,翻译时要特别注意。例如:

原文:With the winter coming in, it's time to buy warm clothes.

译文:冬天到了,是买寒(冬)衣的时候了。

商务英语广告中的 warm clothes 没有直译为"保暖服",而是从相反角度译成"寒(冬)衣"。

2. 大小概念转换

除正反语义转换之外,还可进行大小概念转换。例如:

原文:Silk of this kind makes excellent dresses.

译文:这种丝绸可以做上好的衣料。

英语的广告中的 dress(服装)被转译成概念较大的"衣料"。

3. 语义虚实转换

为使广告译文符合译语习惯,使读者更好地理解原文,有些情况下原语实写,译语实译;或源语实写,译语虚译;或源语虚写,译语实译。简言之,有些意思要翻译出来,有些意思不用翻译出来;有些意思原文没有,译文要加入;有些意思原文有,译文要去掉。例如:

原文: In just a few drops, this man's skin is going to feel better.

译文:滴上几滴,皮肤即感舒适。

原文中的 this man's 英语实写,译文中,汉语则要虚译。再如:

原文: Belima X, the ultra-fine microfiber, is a dream fabric come true.

译文: Belima X 超细纤维使梦幻中的想象变成现实。

原文中 a dream fabric(纤维)英语实写,译文则虚译"梦幻中的想象",抽象而笼统。

4. 改换概念形象

原文和译文通过各自不同的形象表达相同意义、相同所指,传达相同的信息。例如:

原文: Wash the city right out of your hair.

译文:洗去你头上的灰尘。(洗发水广告)

商务英语广告中以 the city(城市)形象暗喻 the dirty of the city 概念,译文中直接用于概念对应的形象"灰尘"。再如:

原文: Easier dusting by a Stre-e-etch!

译文:拉拉会长,除尘力强。(除尘布广告)

广告原文中 Stre-e-etch 作为除尘布的牌子,使用了别出心裁的拼写方法展示出"拉伸"的直观形象,译文用"拉拉会长"描述视角感到的伸长之意。

由于中外文化的明显差异和东西方思维方式不同,所以转译法在广告翻译中是必要的。

(四)仿译法

所谓仿译法,就是仿用现成的语言形式来进行翻译,这种方法往往能达到事半功倍的效果,因为现有语言形式中已包含大量的可以借用的语言形式,其中套用成语、谚语、俗语等是最常用的手段。例如:

原文: Apple Thinks Different.

译文：苹果电脑，不同凡"想"。（苹果电脑广告）

苹果电脑宣传标语 Think Different，言简意赅地说明了要宣传的内容，译者套用汉语成语"不同凡响"，借助谐音置换，成为不同凡"想"，既符合语境，又形象幽默。再如：

原文：中原之行哪里去，郑州亚细亚。（郑州亚细亚超级商场广告）

译文：While in Zhengzhou, do as the Zhengzhouneses do. —Go shopping in the Asian Supermarket.

上述广告的英译则是仿用了英语谚语 "While in Rome, do as the Romans do."

原文：食在广州。

译文：East or west, the Guanzhou cuisine is the best.

上述广告的英译仿用了英语成语 "East or West, home is the best."

原文：I'll do a lot for love,

But I'm not ready to die for it.

译文：情爱诚销魂，生命价更高！

上述广告抓住人们恐惧艾滋病的心理，劝说消费者为爱疯狂时，一定要珍惜生命，在含蓄地表达这一主题的同时，宣传推销避孕商品，可谓雅俗共赏。

但恰当翻译这句口号实属不易。若直译为"我愿为爱情付出许多，但我不准备为爱情牺牲"，则过于笼统，不着边际，大众难以理解，也表达出广告的真正用意。

译文借用匈牙利诗人裴多菲的名句"生命诚可贵，爱情价更高"，并取反论，使用仿拟辞格，这样才符合原广告的本义。仿译利用译语的语言形式易为读者所接受的特点，仿拟译入语来翻译广告，让读者倍感亲切，无形之中接受广告所宣传的信息。

广告文体变化多端、别出心裁，加上中外语言文化迥异，使广告翻译成为较为复杂的问题。以上只是探讨了广告翻译中的几种方法，在实际翻译中，要真正做到译文和原文的最大限度功能等值，只单纯地使用一、两种手段是远远不够的，而需从具体情况出发，辩证、综合地选择合适的手段来传达原文的意义。

第七章　商务英语旅游文本翻译与跨文化交际

旅游业一直以来都受到国内外人士的关注,因为旅游是一项涉及多种行业的领域。在当前时代与社会发展背景下,国家一直都十分重视对旅游行业的发展。因此,从跨文化交际出发,对商务英语旅游文本的翻译展开研究意义重大。

第一节　商务英语旅游文本简述

一、商务英语旅游文本

旅游(Tour)一词源于拉丁语的 tornare 和希腊语的 tornos,原意为"围绕一个中心点或轴的运动;车床或圆圈",后演变为"顺序"。词根 tour 的不同后缀也有其不同的意思,但个个意思都表明旅游是一种往返的行程,完成这个行程的人被称为旅游者(Tourist)。相应地,商务英语旅游文本主要是针对商务工作过程中所涉及的旅游展开研究的。因为旅游产业由多种产业构成,如交通业、餐饮业、住宿业、娱乐业等,是一个群体产业,形式多样而且分散,所以旅游这一概念存在模糊性。

对于旅游的定义一直处于不确定的状态,直到 1955 年,世界旅游组织给旅游下了明确的定义,即旅游是人们为了休闲、商务和其他目的,离开他们惯常的环境,到某些地方去以及在那些地方停留的活动。世界旅游组织明确的这一旅游的定义受到了普遍的认同,但对旅游的定义并不止这一种,不管那种定义都无不包括三方面的要素,即出游的目的、旅行的距离和逗留的时间。

二、商务英语旅游文本中的跨文化交际行为

(一)冲突行为

在世界上的不同国家、地域,在不同的社会历史条件下,生长着不同的文化。国家民族地位的改变和社会经济发展的需要,使得对外文化交往成为必要之举,也因此导致了文化冲突。简言之,文化冲突就是某种文化自身在新旧交替的过程中以及与外来文化的交流中产生的摩擦与矛盾。

1.跨文化冲突解决方法

解决跨文化冲突的方法,大致上可分为以下五种。

(1)文化支配法。这是以自我或自己文化为中心的冲突解决法,也就是"我是他非"的作风。[1]

(2)文化顺应法。文化支配相反,是"我非他是"的利他做。如同入乡随俗一样,迁就对方。这种迁就,可能是真的欣赏对方,可能是屈服于对方的势力,也可能是担心互动结果的不理想而产生的。

(3)文化妥协法。此法局部综合了双方的需求,结果是各方都同时赢一些,但也输一些。也就是既没有全赢,也没有全输。在事情不能两全的时候,这倒是一个可取的折中法。

(4)文化逃避法。这是鸵鸟主义法。把头栽入泥沙里,看不见问题,就以为问题不存在了。

(5)文化综合法。同时顾及双方的需要,发展出另一套双方可以同意与互利的方法,以便适当地把问题解决,这是达到双赢结果的保证。[2]

这五个跨文化冲突或问题解决的方法,各有利弊。表面上看来,除了文化综合法之外,其他各法似乎都不可取。其实,在实际运作情况下,并不见得如此。尤其是从策略性的角度,有时候会刻意使用非预期的方法,出奇制胜。不过,整体而言,文化综合法还是代表跨文化冲突解决

---

[1] 徐屹丰.跨文化广告说服机制中的冲突管理[D].上海:上海外国语大学,2011:11.
[2] 同上.

最为理想的方法。它不仅解决了问题,而且双方都乐于接受,没有怨恨存在。

文化综合的冲突解决方法是一种用以经营多元文化之冲击的主要方法之一。它具有四项原则:①文化的异质性,信仰文化多元主义;②文化同异性,相信人们之间,相似和相异的特性同时存在;③殊途同归性,不同文化方法,对解决相同的问题同时有效;④文化经权性,了解自己的方法只是众多方法中的一种。

2. 信息时代下文化冲突的表现

当今世界是信息时代,科技的日新月异已经彻底颠覆了这个世界,信息技术已经渗透到人类生活的方方面面。自从网络出现以来,人们对它的优越性很欢迎,进而不断利用网络来改造自己的生活方式。网络的应用从学术研究领域延伸到通信、娱乐、政企管理等领域,可以说发挥了其巨大的带动作用。

(1)文化群体交叉

在网络这个广阔的平台上,文化的传播和交流变得异常高效。文化群体可以跨越时间和空间的限制,自由地沟通。因此,网络环境中的文化群体可以接触的异质文化就更多,学习的空间就更大。文化群体之间相互批判、相互继承,因此文化群体的属性表现出交叉的现象。

(2)文化冲突显著

网络可谓通古今、知中西,无论是多少年前的事情以及多么遥远的区域内发生的事情,人们都可以在网络上查询到。各种文化冲突在网络中相遇,网络环境成了文化冲突发生的阵地。网络诞生之前,时间和地理空间上的距离,让文化冲突有了一些喘息的机会,而现今的网络环境正是给文化冲突打开了畅通的渠道,一切思想在这块平台上涌流,文化冲突的发生频率显然更高。每个人都可以自愿地进行文化讨论,从而成为信息的发送者和接受者,所以说网络时代下的文化冲突也更加开放。

(3)文化冲突强烈

网络是虚拟的,这也是它的神秘的地方。每个用户都躲在网络的背后,他们可以伪装成任何身份与其他人对话和交流,可以就任何文化表明直接的立场。正是因为网络可以掩盖人们的身份,所以网络用户比较容易发出激烈的言辞,做出夸张的结论,甚至使事态演变得非常恶劣。

(二)谈判行为

人类沟通或关系发展的过程,无可避免地必须面对各种可能的冲突或龃龉。为了解决这些问题,人们随时经由谈判(negotiation)的过程来说服对方,以做出满意的决策。因此,有关系就有冲突,有冲突就有谈判的存在。谈判是人类沟通互动的一个紧要部分。

文化的复杂性,在从事跨文化或国际谈判时,应该特别注意这几个项目:谈判者及情况、决策的形态、文化噪声以及解说和翻译者。

(1)谈判者及情况。谈判者的选择标准与有利于我方谈判的情况是两个谈判的基本问题。首先是谈判代表人选择的问题。美国和巴西、日本等国家,对适当谈判人选的条件较为接近。日本虽然和美国与巴西一样重视口头表达能力,但是也同时注重聆听的能力。谈判的情况包括地点、场所摆设、谈判时间、地位等要素。其次,地点方面,应该在我方的办公室、对方的办公室或是第三个中立的地点,这些都是安排谈判的过程,根据谈判的性质,必须考虑到的地点问题。大部分人似乎喜欢选择较中立的地点从事谈判。再次,谈判时间的运用,因文化对时间概念的认知不同,对跨文化谈判具有很大的影响。在跨文化谈判时,时间的运用常常成为一个克服对方的武器。最后是谈判者地位的决定。美国人较喜欢不正式的行事作风,也较重视人人平等的观念,因此重视谈判者的专业知识,而非社会地位。东方人则重视层级关系,对谈判资格的选择,往往是以个人的社会地位或尊卑长幼来决定。这种差异常常给跨文化谈判带来诸多的困扰。

(2)决策的形态。从文化情境的角度,人们已经了解高情境和低情境文化,有着不同的问题或冲突解决方法。决策既然是问题解决过程的一环,文化必然也赋予它的成员一套决策的形态。

(3)文化噪声。文化噪声专指沟通过程,阻止或扭曲信息流动的各种障碍。这种障碍在跨文化谈判里主要存在于讯息本身和输送的过程,也就是语言与非语言的表达行为。口语谈判的策略包括:承诺、恐吓、劝告、警告、奖赏、惩罚、规范性诉求、诺言、自我表露、质问、命令;非口语的谈判策略,则有沉默、交谈重叠、脸部直视以及触摸等。

(4)解说和翻译者。在跨文化谈判的过程中,常常需要依赖解说或翻译来协助双方彼此了解讨论的内容与文件用语的正确性。在跨文化沟通的过程中,翻译可能造成三项困扰。

①不同语系之间,常常很难找到对等的词语来翻译。

②错误的翻译可能酿成巨大的悲剧。

③正确可靠的翻译不容易,因此常常需要仰赖专业人才。

在跨文化谈判里,有关翻译必须注意的事项有三个值得一提。

第一,翻译过的词语对双方的主观意义十分重要。

第二,一方语言的概念,若不存在于对方的语系,该如何处理。

第三,双方的语言是否具有难以翻译的内在推理或思考形态。

第二节　商务英语旅游文本的语言特点

与法律英语、科技英语类似,商务英语旅游本身属于专门用途英语的一部分,因此无论在用词、造句还是语篇组织上,商务英语旅游文本都有自身的语言特点,并且这些层面也更能体现商务英语旅游翻译的复杂性、综合性与跨学科的特征。

一、商务英语旅游文本的词汇特点

（一）使用专有名词

大多商务英语旅游文本是对旅游目的地的宣传,因此很多旅游地名、由普通名词构成的经典名称往往会出现在商务英语旅游文本中。当然,对这些经典的宣传也是为了传达其人文景观或历史沿革,因此其中不可避免会涉及很多的历史事件、著名人物等。

（二）使用缩略语

在商务英语旅游文本中,缩略词的使用是非常频繁的,是随着旅游业的发展,从普通词语演变而来的。在旅游活动中,无论是口语还是书面语,交际双方都会习惯使用一些缩略语,目的是用有限的形式将所要

传达的信息传达出来,这样既节省了时间,又显得更为专业。例如:

USA(United States of America)美国

LTB(London Tourist Board)伦敦旅游局

WHO(World Health Organization)世界卫生组织

LHR(London Heathrow Airport)伦敦希思罗机场

QTS(Quality Tourism Service)QTS优质旅游

UFO(Unidentified Flying Object)不明飞行物

UNESCO(United Nations Educational, Scientific and Cultural Organization)联合国教科文组织

B & B(bed and breakfast)住宿加早餐

user id(user identity)用户标识

campsite(camping site)露营地点

biz(business)商业

二、商务英语旅游文本的句法特点

(一)使用祈使句

除了属于宣传类文本,商务英语旅游文本还属于呼唤类文本,即让读者采取行动,享受服务或者参观景点。因此,商务英语旅游文本中还往往使用祈使句,这样更能增强呼唤的效果。例如:

Take time to wander among Kazan Cathedral's semi circle of enormous brown columns.

花些时间漫步于喀山大教堂巨大的棕色圆柱所围成的半圆形。

Don't be surprised if there's an hour-long wait to ascend.

如果等待一小时方可攀登也不要大惊小怪。

Look over your right shoulder. The massive golden dome of St. Isaac's Cathedral rises above the skyline.

朝右后方看去,圣以撒大教堂巨大的金制圆顶直插云霄。

分析上述几个例子,其中都是包含有祈使句,如 Take time to..., Don't be..., Look over your right... 这些祈使句的运用主要是为了起强调作用,加强语气。

（二）使用疑问句

疑问句，顾名思义就是提出问题，让读者进行思考。商务英语旅游文本中也会应用到这种句型，这样能引发读者的思考，吸引读者的注意力，从而起到宣传的效果。同时，商务英语旅游文本中的疑问句更像一种人与人之间的谈话，给人一种亲切的感觉，便于与读者贴近。例如：

Why not discover all three regions of the "Triangle" yourself in a fun-packed week long itinerary？

花上一周时间亲身探索一下"金三角"中的三个地区吧。

上述例子使用 why not 表达疑问的形式，用于表达一种建议，更具有说服力，便于读者接受。

（三）使用复杂句

商务英语旅游文本中会使用简单句，以便句子更通俗易懂，起到更好的宣传效果。但是，有些商务英语旅游文本不可避免地会用到一些复杂句子，其中包含一些短语或者从句等。例如：

The shore line is unobtrusively divided into low islands fringed with black lava boulders and overgrown with jungle and the grey-green water slips in between.

河岸线界限不明，划分为座座低矮的小岛，暗绿的河水缓流其间。岛上丛林茂密，大片乌黑的熔岩裸露于四周贴水一线。

上述例子中包含另个 with 引导的从句，属于一个复杂句子，但是这样的表达更能凸显宣传效果。

三、商务英语旅游文本的语篇特点

（一）条理清晰固定

商务英语旅游文本在语篇表达上呈现了一定的要求，具体来说就是条理清晰、主次分明。以旅游手册为例，其主要介绍的是旅游景点、交通、住宿、餐饮等信息，是一种描述型、信息型文本，一般由标题、口号与正文构成。

标题部分是对正文的总括,语言上要求简单、清晰,让读者一目了然,即一看就能够了解其内容与特色。因此,商务英语旅游文本中的标题一般具有概括性与简洁性。一般来说,其标题命名的形式多样,有的以旅游目的地命名,有的是以目的地辅以概括性语言来命名,有的则以旅游机构来命名。例如:

Biking & Hiking

骑车游与徒步游

The Solomon Treasured Islands of Melanesia

美拉尼西亚所罗门群岛旅游手册

口号部分类似于广告语,语言要求具有鼓动性,并且要保证言简意赅,将目的地的差异性、旅游设施的特殊性加以展现,因此商务英语旅游文本的口号一定要保证简洁,便于人们的激励,吸引人的注意力。例如:

A WORLD YOU NEVER KNEW STILL EXISTED

一个你从未听说但存在的地方

The Way Life should be...

生活理应如此……

正文部分是商务英语旅游手册的重要部分,一般包含几个部分,每个部分也都有专门的标题,这些标题主要是对目的地及旅游相关事宜的介绍。商务英语旅游手册的正文一般要遵循如下几个步骤。

其一,有关旅游目的地或旅游设施的评价性语言。

其二,旅游目的地或旅游设施的历史简介。

其三,以导游的形式介绍主要景点。

其四,使用细节信息,如地理位置、交通、联系方法、价格等。

其五,规章制度,如禁止拍照、禁止给动物喂食等。

以上的每一步都有其交际目的,通过一系列的语言特点来实现。

(二)表达准确具体

商务英语旅游文本的形式与内容是多种多样的,如旅游指南往往属于描写型的,因此用词较为明白、生动;旅游广告属于召唤型的,语言往往有创意,短小精悍;旅游合同是契约型的,往往要求用词规范、程式化;旅游行程是信息型的,用词往往要求简略、明了等。

伍峰等人指出:"就整体而言,商务英语旅游文本具有通俗易懂、短小精悍、生动活泼、信息量大的特点,同时其也具有艺术性、文学性与宣传性。"[①] 很多时候,旅游指南、旅游广告等都是合二为一的,这样使商务英语旅游文本具有了集合食宿、游览等为一体的文本,起到很好的宣传效果。

第三节　商务英语旅游文本中的跨文化交际因素

旅游产品是否具有吸引力,是否能有效激发潜在游客采取行动,这与旅游资源所承载的文化内涵有着直接的关系。文化赋予了旅游景观生动性,使其更加富有魅力,能有效加深游客的印象。旅游文化是一个国家的旅游业凸显自身与众不同的重要因素。随着社会的快速发展和人们生活水平的提高,人们更加愿意走出家门去享受旅游的乐趣,现在人们外出旅游不仅仅追求物质享受,而是追求更高层次的文化享受。如果旅游不以文化为主导,那么它将是毫无魅力和吸引力的。可以说,文化是旅游业的灵魂所在。

旅游文本是指旅游(接待)一线人员(尤其是导游翻译)在工作中经常碰到的、约定俗成的那些应用型文本。广义上来讲,旅游文本可以划分为旅游专业文本和普通文本两类。其中,旅游专业文本主要针对旅游领域内的专业人士,如旅游研究论文;普通文本则针对普通大众,包括导游词、导游广告、旅游标识语、旅游宣传册、旅游景点介绍、旅游指南、旅游合同、旅游地图等。由此可见,旅游文本涉及的范围十分广泛。

由于旅游业属于一种文化产业,因此旅游文本也就具有文化属性,其包含了文化的方方面面,如地理文化、宗教文化、历史文化等。但在涉外旅游中,不得不考虑的一个问题就是文化差异,文化差异对商务英语语言有着重大的影响,它影响着旅游文本的写作和翻译。

---

① 伍峰等.应用文体翻译:理论与实践[M].杭州:浙江大学出版社,2008:319.

第七章　商务英语旅游文本翻译与跨文化交际

因文化历史背景不同,英汉民族的旅游文本形成了各自的特点。英语旅游文本多行文简洁、直观实用,信息传达具体,有一种自然朴实之美。汉语旅游文本则多讲究言辞优美、工整对仗,信息传达较为笼统,有一种含蓄委婉之美。英汉旅游文本的语言差异归根结底是源于英汉文化差异,其中受思维差异的影响十分突出。西方人提倡人物分立,注重个体思维,反映在语言上,就是英语注重"形合";而中国文化重圆满,注重个人感受和心领神会,反映在语言上,就是汉语注重"意念"。受思维差异的影响,英语语言的功能性更强,汉语语言的形象性更突出。英汉民族的文化差异在方方面面都有所体现,这里仅从价值观、审美观和叙述习惯差异几个方面来挖掘文化差异对商务英语旅游文本的影响。

一、价值观差异

价值观也称"价值取向",指人们心目中对于万事万物的相对比较固定而成套的看法或评价体系。在文化中,价值观一直处于核心地位,它对人们的观念、行为等都起着决定性作用。中西方价值观的差异主要表现为:西方文化崇尚个人主义,认为个人至高无上;中国文化强调集体主义,主张个人利益要服从集体利益,提倡团结协作、和谐一致。这一价值观差异在旅游地跨文化交际中也有着明显的体现。例如,汉语旅游文本中常会出现一些"温馨提醒",提出善意的建议和劝告,但这在西方人看来却有干涉自由之嫌。

二、审美观差异

所谓审美观,是指人们对待美的观点和看法,它属于哲学体系中的一个美学概念。由此可知,英汉审美观念的差异与英汉民族的哲学观差异具有密切联系。受亚里士多德形式逻辑与理性主义的影响,西方哲学注重理性,强调主客分离,因此在商务旅游文本的描述中常以客观的眼光看待事物,语言具有写实与客观性,避免融入个人情感,力求最大限度地展现事物自身的面貌。受中国古典哲学的影响,中国哲学主张"天人合一",认为天地万物是一个有机整体,强调客观融入主观,善于托物言志、借景抒情,力求突出整体性和和谐感,因此汉语旅游文本中常会带有个人情感,而且用语华丽,以激发游客的遐想,也因此篇章的逻辑性以及内容的客观性较差。例如：

The woods arose in folds, like drapery of awakened mountains, stately with a depth of awe, and memory of the tempests. Autumn's mellow hand was upon them, as they owned already, touched with gold and red and olive, and their joy towards the sun was less to a bridegroom than a father. (Richard D. Blackmore: *An October Sunrise*)

上述文本语言简洁、朴实，而且表达非常直观精细，景物的描写更是栩栩如生。

庐山的冬天，以它雪映凇掩的玉崖琼楼，构成了江南的北国风光；山峦冰雪笼罩，山谷玉毯铺叠，瀑布冰柱倒挂，雪凇、雾凇以及特有的雨凇奇观，如同一个奇异的琉璃世界。(《中国庐山》)

上述文本语言优美工整，表达充满了诗情画意，能够激发读者产生无限的联想。

三、叙述习惯差异

英汉语言叙述习惯差异也使得英汉旅游文本所采用的文字风格迥异。具体来讲，商务英语旅游文本注重语言的准确性和信息的实用性，因此语言平实简练，多用简单词汇和短语，以强调重点信息，便于读者记忆。相比较而言，汉语商务旅游文本更加注重语言的形象性，因而倾向大量使用形容词，以求文辞优美，加之受古代骈体文影响，汉语商务旅游文本常使用四字结构和各种修辞，并且善于旁征博引，包括典故、佳句等，以增添文本的人文色彩，给予读者美的享受。例如：

Enjoy the best of what Maldives has to offer—A tropical paradise where time stands still. Beautifully appointed beach villas along stretches of soft coral sand or above water bungalows as your vacation havens. Play hard—Go on excursions and day cruises to discover the in a catamaran. Go big game fishing or visit the local fishing village. Or Do Nothing—Bask in the tropical sun or pamper yourself at our Health Spa. Indulge in our "media oriental" cuisine a delightful blend of Mediterranean and oriental tastes. (*English for Tourism*)

以上文字语言简练，而且信息量很大，能让读者充分感受到度假的悠然和惬意，如此极具诱惑力，能激起读者前去旅游的冲动。

漫步在九寨沟中,不论是春夏秋冬,不论是晨曦黄昏,也不论是雪中雨中,你都会沉浸在这多姿多彩的长幅立体山水画卷之中,凭你尽情感受,任你尽情遐想,你将完全陶醉在这美妙的梦幻世界之中。(《九寨沟》)

很明显可以看出,与商务英语旅游文本相比较,汉语商务旅游文本要显得言辞华美、铺陈夸张一些,而且讲究工整平行,以追求表达的音美、形美和意美,而非清楚地展示事物本身。

通过上述内容可了解到,旅游承载着丰富的文化内涵,而且因文化差异,英汉商务旅游文本也有着显著的差异。对此,在商务旅游文本翻译过程中应重视文化因素和文化差异的影响,因为它们是造成翻译困难的重要因素。

第四节 跨文化交际背景下商务英语旅游文本翻译的原则与策略

一、跨文化交际背景下商务英语旅游文本翻译的原则

(一)忠实性原则

忠实性原则是任何翻译活动都必须遵循的基本原则,商务英语旅游文体翻译同样如此。忠实原则要求译者在翻译时要遵循商务旅游文本的功能和目的,忠实地传达原文信息。

商务英语旅游文本的目的大多是为了吸引读者的注意,向读者传达信息,因此翻译时必须考虑其在译入语中的功能和目的。有学者曾指出,外国游客远道而来,吸引他们的不仅仅是花草树木、山河湖泊,更是景点中所蕴含的文化特色。因此,翻译商务英语旅游文本时在忠实传达实质性信息的同时,要注意商务英语旅游文本的宣传语气,进而从形神两个方面做到对原文的忠实。

（二）呼唤性原则

商务英语旅游文本通常具有下面两大显著功能。

（1）信息功能，即能为读者提供尽可能多的关于旅游目的地的各方面信息，如自然、地理、文化、风俗等，这可以帮助旅游者对旅游景点进行全面深入的了解。

（2）呼唤功能，即能刺激读者采取旅游行为。呼唤功能是旅游外宣文体区别于其他实用文体的最大特点。

有学者指出：旅游宣传资料的主导功能在于其指示功能，它是以读者为中心的，向读者发出"指示"。要保留旅游文本在目的语的这一功能，译者必须注重传达出其中的"诱导"或"呼唤"的语气，让读者读完译文后真正"有所感、有所悟、有所为"。可见，在商务旅游翻译中，译者要重视英汉语言及表现手法方面存在的差异，最大限度地再现原文的"呼唤"语气。

因此，在商务英语旅游文本翻译过程中，译者要重视英汉语言及表现手法方面存在的差异，从而使译文能够准确地使原文的"呼唤"语气得以再现，以便更好地诱导读者。

二、跨文化交际背景下商务英语旅游文本翻译的策略

（一）商务英语旅游文本中食物的翻译策略

烹调手艺译法从遍布世界各地的中餐馆我们不难看出"色香味"俱全的中华美食确实有着所向披靡的魅力，但是这些诱人的菜肴在上桌之前必须在厨房经过很多道水火的考验。以"滑炒鳝丝"（Sautéed Eel Shreds）为例，用英语解释一下它的烹饪过程。

烹饪程序：

第一步，用八成热的油把鳝丝炸一下。

第二步，锅里留少量油，用葱和姜炒香，加糖、盐、酱油，把鳝丝倒入锅里，加酒，翻炒几下，然后盛在一个盘子里。

Cooking procedure:

Step one: Deep-fry the eel shreds in 80% hot oil.

Step two: Flavor oil with scallion and ginger, add sugar, salt, soy sauce, drop in eel shreds, add wine, stir-fry, place in a plate.

为了了解更多的程序,我们必须知道下列常见烹调技法的英译:

煮 boil (煮水波蛋 poach an egg)
涮 scald in boiling water; instant-boil
炒 stir-fry (炒蛋 scrambled egg)
水煮 boil with pepper
煎 pan-fry
爆 quick-fry
炸 deep-fry
干炸 dry deep-fry
软炸 soft dee-fry
酥炸 crisp deep-fry
扒 fry and simmer
嫩炒 sauté
铁烤 broil; grill
烧烤 roast; barbecue
烘烤 bake; toast
浇油烤 baste
煲 stew (in water); decoct
炖 stew (out of water)
卤 stew in gravy
煨 simmer; stew
熏 smoke
烧 braise
焖 simmer; braise
红烧 braise with soy sauce
蒸 steam
焯 scald
白灼 scald; blanch
勾芡 thicken with cornstarch

（二）商务英语旅游文本中菜名的翻译策略

1. 餐桌上菜名的翻译

菜名翻译的时候应该尽量保留原文的美感，而不是仅仅翻译菜的原料和做法；当然，这个标准是灵活的，视具体情况而定。最简单的是"原料＋做法"的菜名，可以采取直译的方法。如"北京烤鸭"可以译成"Beijing Roast Duck"，"清蒸黄鱼"可以译成"Steamed Yellow Croaker"。①

如果菜名是部分描摹菜的形色，部分点明原料的，可以把描摹部分翻译出来，更加形象。比如"葡萄鱼"和"金银鸭片"。"葡萄鱼"是烧好之后状如葡萄的鱼，所以可以译成"Grape-shaped Fish"；而"金银鸭片"是指颜色金黄雪白交错，所以可以译成"Golden and Silver Duck Slices"。

2. 中国菜名的转译

在与外国朋友交谈的时候，我们喜欢在介绍物品通用的名称之余，不失时机地解释那些名字在中文里的含义以及它们体现出来的文化特征。我们经常看到外国朋友脸上惊异的表情，听到他们由衷地赞叹："You Chinese people are real romantic and poetic."其实，中国人的这种浪漫与诗意体现在生活的各个方面，即使是平常如一日三餐也可管中窥豹。比如，我们喜欢在命名菜肴的时候用数字，可是在翻译菜名的时候我们可不能小看了它们，以为只要把它们译成相应的数字就完了，还是要具体情况具体分析。②

菜名里如果包含二、三、四、六这几个数字的往往为实指，可以根据字面意思直译，如"珠玉二宝粥"可以直译成"Pearl and Jade Two Treasures Porridge"。其实，这个"珠"指薏米，也就是"the seed of Job's-tears"，而"玉"指山药，即 Chinese yam，薏米和山药经过水煮，莹白透亮，形色如珍珠、白玉，故名"珠玉兰宝粥"；也可以直接翻译所

---

① 刘黛琳，牛剑，王催春．实用阶梯英语跨文化交际 第 2 版[M]．大连：大连理工大学出版社，2010．
② 冯庆华．翻译 365[M]．北京：人民教育出版社，2006．

用材料,让外国朋友一目了然:"The Seed of Job's-tears and Chinese Yam Porridge"。菜谱上以译成前者为宜,可以引发联想,唤起食欲,但是为了避免外国朋友如坠云里雾里,我们可以在括号里注明原料。又如"红油三丝"可译为"Three Shreds in Spicy oil",然后在括号里注明是哪三丝。"四喜鱼卷"可译为"Four Happiness Fish Rolls",因为每组鱼卷中四个不同颜色的小卷分别代表古人说的人生四喜,即"久旱逢甘霖,他乡遇故知,洞房花烛夜,金榜题名时",而"六素鸡腿"则可以译成"Drumsticks Cooked with Six Vegetables","三鲜汤"可以译成"Three Delicacies Soup"。

然而,碰到下面这种情况又当别论,比如"二冬烧扁豆"。"二冬"分别指冬笋和冬菇,我们不能译成"Cooked Haricot with Two Winters"。这里还是点明"二冬"的含义为佳,建议译为"Cooked Haricot with Winter Bamboo Shoots and Dried Mushrooms"。又如"双耳汤"应该译成"Soup of Jew's Ear and Tremella",如果直译成"Two Ears Soup"反而费解。

中国文化恰似一张太极图,其精粹便在于虚实结合,而且往往虚的部分比实的部分更传神,因为它留给观众更多的想象空间。如菜名中的虚指数字,它并不意味着那个数字确切表示的数量,而是一个约数,或文化名词的一部分。

中国文化中经常用虚指数字,一般用三、五、八、九、十来表示多或程度高,如"三番五次""八辈子""九牛一毛""十全十美"。因此"五香"并不一定指五种香味,"八宝"并不一定就是八种原料。翻译的时候可以采取灵活译法,不必拘泥于字面数字。"五香牛肉"可以译成"Spiced Beef";"八宝粥"可以译成"Mixed Congeel Porridge";"九转大肠"可以译成"Trouble taking Intestines";"十全大补汤"可以译成"Nutritious Soup with Mixed Herbs"。

如果数字为文化名词的一部分,则翻译时以传达文化含义为主。如鲁菜中的"一品锅"、闽菜中的"七星丸"等。据说秦始皇统一六国之后,生活日渐奢靡,对为他准备的食物经常挑三拣四,他的厨子们为此惶惶不可终日。一日他点名要吃鱼,厨子在准备的时候误把鱼肉切下来一块,无计可施,只好把鱼剁碎,和上各种调料,放入锅内。没想到秦始皇尝过之后龙颜大悦,拍案叫好。这道菜烧好之后汤清如镜,汤面上浮着的鱼丸如满天星斗,于是就用天上极具代表性的星座"北斗七星"来命名,因此这个汤就被称为"七星丸"而衍传至今。因此,翻译时也用意译为好,可以译为"starry Night Fish-ball Soup"。

下面来看我国常见的饮食词汇与翻译的实例。

汉语饮食词汇	英文译文
(1)烤乳猪	(1) roast pig let suckling
(2)红烧鱼翅	(2) stewed shark fins
(3)鱼肚汤	(3) fish maw soup
(4)冬瓜炖燕窝	(4) stewed bird's nest with white gourd
(5)生猛海鲜	(5) fresh seafood
(6)海味	(6) seafood of all sorts
(7)市井美食	(7) home dishes/delicacies
(8)甜食点心	(8) dim sum
(9)云吞面	(9) yuntun noodles
(10)及第粥	(10) congee
(11)艇仔粥	(11) snake porridge
(12)炒田螺	(12) assorted snails
(13)炒河粉	(13) fried Shahe rice noodles
(14)煲仔饭	(14) pot rice
(15)生滚粥	(15) congee
(16)米粉	(16) rice noodles
(17)粉皮	(17) bean sheet jelly
(18)粉丝	(18) bean vermicelli,
(19)猪肠粉	(19) zhuchang rice noodles; rice rolls
(20)春卷	(20) Spring rolls,
(21)蛋卷	(21) egg rolls
(22)葱饼卷	(22) pancake rolls
(23)花卷	(23) steamed buns
(24)杂包	(24) spring wrappers,
(25)糯米鸡	(25) nuomii cake (rice pudding)
(26)粽子	(26) zongzi
(27)龟苓膏	(27) guilinggao jelly
(28)茯苓膏	(28) fulinggao jlly; Poria coccus jlly
(29)凉粉	(29) wild fruit jlly/grass jll
(30)马蹄糕	(30) water chestnut jelly
(31)老公饼	(31) laogong cake
(32)老婆饼	(32) laopo cake
(33)烧饼	(33) scone
(34)米糕	(34) sponge rice cake
(35)莲蓉糕	(35) lotus bean paste
(36)钵仔糕	(36) pot cake
(37)萨其马	(37) Manchu candied fritter
(38)香芋糕	(38) dasheen cake
(39)马蹄糕	(39) water chestnut jelly
(40)萝卜糕	(40) radish cake
(41)洋芋粑	(41) mashed-potato cake
(42)南瓜饼	(42) pumpkin cake
(43)红薯饼	(43) yam cake
(44)薯蓉鸡卷	(44) yam paste with chicken

续表

汉语饮食词汇	英文译文
（45）煲仔饭	（45）pot rice
（46）双皮奶	（46）shuangpi milk
（47）姜撞奶	（47）jiangzhuang（ginger）milk
（48）虾饺	（48）shrimp jaozi
（49）东莞米粉	（49）Dongguan rice noodles
（50）虎门膏蟹	（50）Humen roe-crabs
（51）万江干豆腐	（51）Wanjiang dried tofu slices
（52）厚街腊肠	（52）Houjie smoked sausages
（53）满汉全席	（53）Full Set of Manchu & Han Dishes
（54）（广式）烧鹅	（54）roast goose（geese）in Cantonese style；Cantonese roast goose
（55）白云猪手	（55）Baiyun pig trotters
（56）蒜香糯米鸡	（56）chicken with smashed garlic & glutinous rice
（57）（清远）鹅也煲	（57）goose a la Duchesse
（58）猪杂煲	（58）chopsuey a la Duchesse
（59）盐鸡	（59）salt-baked chicken
（60）椰子盅	（60）coconut dish

（三）商务英语旅游文本中建筑的翻译策略

1.西方建筑文化翻译策略

由于西方建筑文化中的很多常用语在汉语中都有对应的表述，因此在对这些内容进行翻译时可采取直译法。例如：

anchorage block 锚锭块

bearing 承载力

cure 养护

masonry 砌体

pier 桥墩

reinforced concrete 钢筋混凝土

glass 玻璃

common brick 普通砖

cellar 地下室

corner 墙角

door 门

floor 楼层

pillar 柱／柱脚

tile 瓦
window 窗户
garden 花园
abutment 桥台
architecture 建筑
condole 吊顶
ear 吊钩
mortar 砂浆
refuge 安全岛
sandwich board 复合夹心板
clinkery brick 缸砖
facing brick 铺面砖
chimney 烟囱
curtain 窗帘
fireside 壁炉
log 圆木
grass 草地
wall 墙
woof 屋顶
stair 楼梯

2. 中国建筑文化翻译策略

（1）砖是砖，瓦是瓦

许多人学英语，总认为英语单词是和汉语字词相对应的，而且是一一对应关系，比如，"天"就是 sky，"地"就是 earth，然而，并不是两种语言对事物的指称都像"天""地"这样完全吻合的。

同汉语"砖""瓦"有别一样，英语也相应地各有 bricks 和 tiles 两个词分别指砖、瓦。然而，事情并没有这么简单。也有英语中称作 tiles 而汉语却不称"瓦"而照样称"砖"的。比如，《汉英词典》告诉我们："瓷砖"是 ceramic tile 或 glazed tile，"琉璃瓦"是 glazed tile。"瓷砖"的英语确属 tiles 而不属 bricks；"琉璃瓦"之为 tiles 之属而非 bricks 之类，也是语言事实。至于 glazed tile 也的确兼指"瓷砖"或"琉璃瓦"。

由此可见，英语的 brick 并不是对应汉语中的"砖"，brick 一般指的是黏土块烘烧而成的"砖"。例如,a house made of red bricks(红砖砌成的房子);其他的"砖",如"瓷砖""地砖""贴砖"等都属于 tile。例如,tile floor(砖地)等。至于汉语的"瓦"基本上都是 tile。例如,acoustical tile(隔音瓦)、asbestic tile(石棉瓦)。tile 既是"瓦",又是某些"砖"。

(2)拙政园的笔墨官司

苏州园林是中国建筑史流光溢彩的一章,拥有不少闻名遐迩的古迹名胜。其他名胜的英语译名多半没有什么纷争,唯有拙政园在当年美国的《生活》等杂志上还引起过一场不小的笔墨官司。拙政园乃明嘉靖御史王献臣所建,是我国古代造园艺术的杰作。20世纪80年代初期,拙政园的"明园"复制品曾送往美国纽约展览,在不少美国杂志上还刊登了"明园"的照片。围绕拙政园的英语译名,一位摄影记者对西方的译法提出了异议。

A correct translation of the photo's subject is "Ming-gate View of the Humble Politician's Garden" — very different from the Western sense from your caption's "unsuccessful politician".

问题原来出在"拙"上了。外国人当然不懂,"拙"是谦辞,"拙政"并没有真正的"政绩失败"的意思,所以,unsuccessful 显然是不正确的。在比较旧式的英文信件中,职工有对老板自称为 your humble servant 的,大概与汉语的"卑职"相当,用 humble 来对译"拙"还是说得过去的。

遣词在翻译中如何处理,没有定例。比如,汉语的"贱荆"和日语的"愚妻"非得翻译成 my humble wife 或者 my foolish wife 吗?这种译法可能会使英美人士莫名其妙吧,特别是他们发现此妻既尊且惠,毫无"下贱""愚蠢"之嫌。

(3)故宫建筑群翻译举隅

故宫林林总总的建筑物在英语当中如何表示呢?下面是中国传统建筑的英语表达法。

陵墓 mausoleum

亭/阁 pavilion

石窟 grotto

祭坛 altar

宫/殿 hall; palace

水榭 waterside pavilion

台 terrace

楼 tower; mansion

塔 pagoda; tower

廊 corridor

堂 hall

门 gate

故宫建筑群一些建筑的翻译如下:

乾清宫 Palace of Celestial Purity

坤宁宫 Palace of Terrestrial Tranquility

御花园 Imperial Garden

(4) 闲话西方人的"住房"词语

普通北美人居住的房子有两层住宅(detached house)、平房住宅(bungalow)、排屋(town house; row house)等。

两层住宅的内部结构如下:

一楼:门厅(the hall),客人进屋后的回旋之地,比如,脱下外套、放置雨具等。客厅(the parlor; the sitting room)为待客之用。饭前,客人和主人在此聊天。吃饭时,客人从客厅步入餐厅(the dinning room),围桌进食。厨房(the kitchen)总是紧靠餐厅,这样上菜方便。西方人不大起油锅,因此,厨房非常干净。

二楼主要有卧室(the bedroom)和盥洗室(the toilet)。小孩一般也拥有自己的卧室,内部布置和摆设全由孩子决定。盥洗室一般有两间。

上面的阁楼(the attic; the garret)不住人,存放杂物而已。

地下室(the basement)不是存放蔬菜、杂物之地。地下室里一般有锅炉房(the furnace room)、洗衣房(the laundry room)、贮藏室(the sprinkler)、儿童游戏室(the play room)。锅炉用石油作燃料,水温自控。全家的衣服在洗衣房洗涤烘干,外国人很少晾晒。贮藏室里则备有电锯、斧子等工具。儿童游戏室里有大沙发、电视等。有些房东常常把地下室租给外国留学生,租金较为低廉。

车库(the garage)内除了停放汽车外,还存放大量汽车维修工具和备用器材。

(5) 住宅广告常见缩写词的含义

下面是常见缩写词的含义:

第七章　商务英语旅游文本翻译与跨文化交际

A/C—air conditioning 空调
eve.—evening 晚上
appl.—appliances 电气设备
firs.—floors 楼层
appt.—appointment 面谈
frig.—refrigerator 冰箱
ba.—bathroom 浴室
gard.—garden 花园
bdrm.—bedroom 卧室
kit.—kitchen 厨房
cpt.—carpet 地毯
mgr.—manager 经理
dec.—decorated 装修
vu.—view 风景
dep.—deposit 定金
pd.—paid 已付
din.—rm dinning room 餐厅
st.—street 街道
ele.—elevator 电梯
Pkg.—parking 停车场地
unf.—unfurnished 不配家具
Xint.—excellent 完好的

下面来看一些我国常见的建筑文化词汇及其翻译。

汉语建筑词汇用语	英文翻译
（1）西关大屋	（1）Xiguan（western side）dawu mansions
（2）竹筒屋	（2）zhutongwu mansion
（3）客家围(龙)屋	（3）Hakka's circular house（weiwu in Chinese）
（4）骑楼	（4）sotto portico（qilou in Chinese）
（5）开平碉楼	（5）Kaiping Castles
（6）石板巷	（6）stone-slab-paved lanes
（7）羊城	（7）(The) City of (Five) Rams
（8）五羊雕塑	（8）Statue of Five Rams（The Statue of Five Rams is the emblem（symbol）of Guangzhou City）
（9）光孝寺	（9）Guangxiao Temple（the first Buddhist temple even before Guangzhou coming into being and famous for its Five-Hundred-Abbot Hall）
（10）光塔	
（11）能仁寺	
（12）金刚法界	

续表

汉语建筑词汇用语	英文翻译
（13）六榕寺 （14）五仙观 （15）三元宫 （16）黄大仙祠 （17）南海神庙 （18）广州耶稣圣心大教堂 （19）云津阁 （20）莲花塔 （21）越秀镇海楼 （22）阁 （23）塔 （24）亭 （25）牌楼 （26）曲桥 （27）水榭 （28）柳堤	（10）Guangta Minaret, located in Huaisheng Mosque （11）Nengren Temple （12）the Invincible Dharma （13）Liurong（Six-Banyan）Termple （14）Wuxianguang（Five Immortal）Temple （15）Sanyuangong（Taoist）Palace （16）Wong Tai Sin Temple （17）Temple of South China Sea God, also Polo Temple（594 BC- ）at Huangpu Harbor, is an evidence of this overseas trading tradition. It is called Polo, for it comes originally from the word paramita in Sanskrit, meaning reaching the other side of the ocean. （18）Guangzhou Sacred Heart Cathedral （19）Yunjinge Pavilion （20）Lianhua（Lotus-Flower）Pagoda （21）Zhenhai Tower（Five Story Tower appeasing the sea）on Mt Yuexiu （22）mansion （23）pavilion （24）kiosk （25）pailou （26）zigzag bridge （27）waterside pailion （28）river bank（embankment/causeway）lined with willow trees

第八章　商务英语口译与跨文化交际

口译可以看作一项双语思维活动,对于这项活动的研究应主要放在动态过程中,然而在翻译的传统研究中,人们更加注重的是静态结果。应该说,人类对大脑的研究已经取得了丰硕成果,但对双语思维转换机制还缺乏了解和实验,这给认知科学提出了新课题。本章主要研究商务英语口译与跨文化交际。

第一节　商务英语口译简述

一、口译理论分析

（一）口译的定义

当人们将自己接受的信息内容以准确方式在较快的时间里使用另外一种语言将其表达出来就是口译,用英文表示为 interpreting,其主要的表达形式是口头表达。口译作为一种交际行为,主要目的是将交流中的信息内容完整地进行传递。在现代社会中,口译已经成为基本的沟通方式,并且这种方式跨越了民族也跨越了文化。

商务英语口译指的是人们在商务的情景下,将他人所说的母语和英语进行互译的一种交流活动,而商务译员参加最多的活动是商务交流或商务谈判等。口译所包含的内容很多,而商务英语口译也只是其中的一个分支内容。

通常的口译活动都需要译员至少将两种语言互相转换,因此译员必须要具备的身份就是双语者,即能够掌握至少两种不同语言的人。想要成为一名译员,就必须要有能掌握多种语言的基础条件,但有许多能掌握多种语言的人都无法担任译员一职,因为在成为一名合格的译员之前是需要经过专业训练的。

口译工作对译员的要求包括熟练掌握双语技能,拥有理解语言的能力、良好的表达能力、优秀的反应能力和记忆能力,还要求拥有信息组合能力,同时还要有丰富的知识储备。作为一名商务英语译员,更是要掌握各种商务知识,并学习同口译相关的各项技能,在不断地训练中提升自己、强化自己,在实践中完善自己。

(二)口译的分类

口译活动有多种不同的类别,下面将主要介绍三种分类。

1.按翻译形式分类

按照翻译的形式,可将口译分为以下四种。

(1)交替传译

交替传译用英文表示为consecutive interpreting,有时又被人们称作连续翻译或即席翻译,这种口译活动通常都是在讲话人自然停顿的时候,译员将讲话人所表达的信息翻译给观众听。[①] 在交际过程中,无论是单方的连续讲话,还是双方不断地交替谈话,都可以使用交替传译。但通常前者说话持续的时间比较长,所蕴含的信息内容也比较多,译员在口译互动中需要记录笔记,而后者则需要译员不断地切换语言,多信息内容进行翻译。

在口译活动中,译员最早使用的口译方式就是交替传译。交替传译这种方式对于译员来讲是压力比较小的一种口译方式,说话人通常都会有停顿的时间,译员可将这段时间用于整理笔记和分析说话人想要表达的信息,从而对发言的内容加深理解。即便如此,这种口译的方式依旧有不适用的地方:第一,发言人为方便译员的翻译工作在发言期间总要停顿一下,这对于发言人来讲会影响其思维的连贯性;第二,经常停顿会对交流的效率产生影响。

---

① 康志峰.口译的分类、方法和技巧[J].英语知识,2012,(8):8-4.

第八章　商务英语口译与跨文化交际

（2）同声传译

同声传译用英文表示为 simultaneous interpreting，"同传"是它的简称，有时人们也会称其为同声翻译或同步口译，译员在使用这种口译的方式时，需要和发言人同时说话，一边听发言人讲话的内容，一边用另一种语言将信息传递给听众，但译员所表达信息通常会比发言人慢半句或一句，并且是断断续续翻译的。因为英语的结构和汉语的结构之间的差异比较大，所以在翻译的过程中不能逐字地将发言的内容翻译过来，这样是没有办法传达出真正的发言信息的。由此可见，同声传译并没有做到完全的"同声"，所说的"同时"也并不是真正的"同时"。

在同声传译的过程中，译员需要在专门的口译工作间中，该工作间用英文表示为 booth，它原本的含义为"箱子"。该工作间所具有的最大的特点是隔音，译员在工作间通过耳机获得发言人的讲话内容，在对讲话的内容进行分析和语言转换之后，通过麦克风将内容传递给听众，而听众通过耳机接听翻译的内容，听众可以通过调整语言的频道听取自己想要听到的语言。

同声传译通常使用在大型的国际会议中，这种口译方式的好处在于不会干扰发言人的思维连贯性，听众也不会在听不懂发言人所说的语言的时候干坐着，同上一种口译方式相比，同声传译翻译的效率更高。

同声传译是一种难度比较大的口译方式，因此会议需要更加专业的口译人员，口译人员也需要更加专业的设备，这就会导致会议所需的成本提高了，但从口译的质量角度来看，由于其难度的问题，同声传译的质量并没有交替传译的质量高。

同声传译是一种十分复杂的口译方式，这种口译方式不仅要求译员有极高的素质，译员在进行同声传译时通常是听着方言人正在说的内容，但翻译出来的是上一句说话的内容。同声传译对口译时间的限制也是十分严格的，译员需要在极短的时间内听辨源语言（source language），预测源语言信息、理解源语言信息、记忆源语言信息以及转换源语言信息；对于译入语需要进行监听和组织、修改和表达，同时需要将译入语的译文表达出来。

同声传译的译员需要有优秀的思维能力和高超的语言技巧，才在能较短的时间内排除口译过程中的干扰，完成会议上的口译任务。考虑到长时间的不间断工作，会使译员的脑能量以及注意力造成一定的影响，通常在一场会议中会安排2—3名译员为一组，开展口译活动，并要求每名译员在工作20分钟之后进行轮换。

（3）耳语传译

耳语传译用英文表示为whispering interpreting，这种口译方式要求译员将对方发言的内容以耳语的方式不断传译给另一方。这种口译的方式和同声传译的方式是比较相似的，其不同之处在于传译的对象以及传译的场合，同声传译通常是用在国际会议中，而耳语传译通常是用在接见外宾的场景或参加会晤等场景中；同声传译的对象是大会中的听众，这些听众是一个群体，而耳语传译的对象是个体。

（4）视阅传译

视阅传译用英文表示为sight interpreting，人们经常听到的"视译"就是其简称。视阅传译是一种比较特殊的口译方式，其接受源语言信息的方式是通过阅读，其表达译入语的方式依旧是口头表达，因此，在视阅传译的过程中，译员需要一边看提前准备好的口译文件，一边将语言中的信息通过另一种语言传译给听众。

视阅传译前的准备工作是十分重要的，在口译活动开始之前，译员需要一段时间快速浏览需翻译的文稿内容，但如果遇到紧急情况，或有保密的需要，译员则没有提前浏览文稿的机会。

人们有时候会将耳语传译和视阅传译归类于同声传译中，因为这三种口译的方式都是连续不断地进行口译活动。

2. 按译入语的流向分类

从译入语流向的角度来看，口译一共可分为以下两种。

（1）单向口译

单向口译用英文表示为one-way interpreting，即口译过程中的源语言就是源语言，译入语（target language）就是译入语，通俗来讲就是译员只需要完成汉译英或英译汉即可，上面提到过的同声传译、耳语传译以及视阅传译就都属于单向口译。

（2）双向口译

双向口译用英文表示为two-way interpreting，即口译过程中的源语言也可以是译入语，译入语也可以是源语言，通俗来讲就是译员既要完成英译汉还要完成汉译英的口译工作，译员需要不断切换这两种语言，最典型的双向口译就是交替传译。

3. 按译入语的直接性程度分类

按照译入语的直接性程度,可将口译分为以下两种。

(1)直接口译

直接口译用英文表示为 direct interpreting,即口译过程中只有源语言和译入语,口译的时候也只需要将源语言转换为译入语即可,不需要有其他的中介语言(intermediate language)。

(2)接力口译

接力口译用英文表示为 relay interpreting,这种口译方式和直接口译是完全相反的,它不仅需要有中介语言,还有多种不同的译入语,在口译的过程中需要经历二次语种转换的过程,其具体的操作为,先将由一名译员将语言译为所有译员都掌握的中介语言,其他的译员再根据中介语言翻译成各自需要译入的语言。例如,在一个口译场合中,来自不同国家的译员都能掌握英语,那么这个时候就需要有一名译员先将汉语译为英语,其他的译员再根据英语译为其他的语言,在这个过程中,作为中介语的就是英语。因为这个口译的过程和接力过程很相似,因此,被称作"接力口译"。

(三)口译的过程

译员在口译活动中并不是一个简单的"传声筒"的作用,译员所要完成的是一项复杂的脑力活动,并且该活动十分艰苦,同时,译员的翻译活动作为一种思维过程也是十分复杂的。将源语言翻译成目标语言是一个能动的过程,这个过程包括了对语言的分析、理解和表达,而这两种语言之间的对应关系并不是在表层结构上就能看出来的,而是蕴含在深层含义中,需要译员挖掘。口译的过程很短,但很复杂,具体来讲就是一个"听与理解—记忆—表达"的过程。

口译这一个复杂的交际过程,其中包含的要素及其之间互动的关系如图8-1所示。

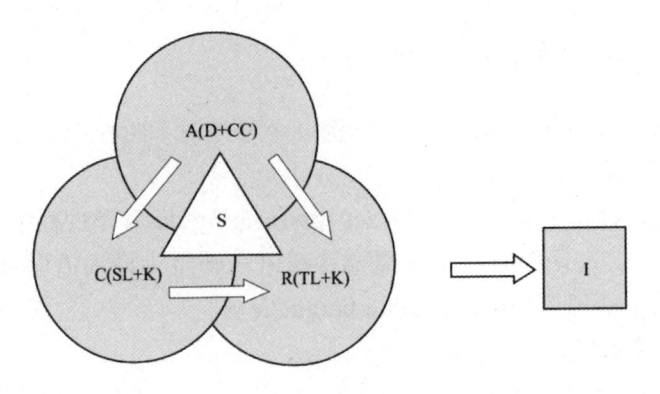

图 8-1　口译训练模式

从图中我们可以看出，三个圆分别为 C、R 以及 A，其中 C 指的是 comprehension，中文的含义为理解；R 指的是 reconstruction，中文的含义为表达；A 指的是 analysis，中文的含义为分析。口译的过程在图中是用指向右方的箭头来表示的；对口译的理解和表达的作用在图中是用指向下方的箭头来表示的。位于核心位置的三角形是 S，它包含了两个内容：一个是 skill，中文的含义为口译技能；另一个是 professional standard，中文的含义为职业准则。在图片的右侧还有一个正方形 I，其指的是 interpreting，也就是口译。

从这个模式中我们能够看到，一个完整的口译交际过程是由两个步骤组成的：理解源语言和表达目标语。能够实现这两个步骤的关键内容是掌握口译技能和达到职业标准，同时不要忘记，还需要对这两个步骤进行分析。

1. 口译理解

在图中，C 后还有 SL 和 K，其中 SL 指的是 source language，即源语言；K 指的是 knowledge，即言外知识，因此，C 指的是对源语言和言外知识的理解。口译过程的第一步是最为关键的一步，即理解源语言，而快速且准确地理解源语言内含的信息的方法是掌握源语言的语言知识和言外知识。

源语言中的词汇、词汇的语音、句子的句法以及段落的语篇知识都属于语言知识。口译人员在翻译的过程中需要对单词以及单词的音节进行分辨，其分辨的主要方式是通过掌握语音知识，对于从听觉上识别外语的能力要求是要能达到母语的水平。译员还需要掌握大量的词汇和短语的表达方式以及两种不同语言之间的差异,有一些语篇知识也是需要掌握的内容。

在语言之外存在一定的知识体系,从广义上来看,该体系将各类百科知识包含在内;从狭义上来看,该体系主要包含的是具体的情境知识或者是一些专题类的知识,这种知识体系就是言外知识。对于言外知识的掌握而言,需要译员在平时就要积累不同领域的知识内容,包括军事外交、政治经济等。如需掌握专题知识,就要在口译活动开始之前,对情境下的知识内容进行理解,包括口译活动开展的场合、讲话人的相关信息,以及事件发生的时间等。

2. 口译表达

在图中 R 后还有 TL 和 K,其中 TL 指的是 target language,即译入语;K 指的是 knowledge,即知识,因此,R 指的是译员利用口译技巧,在对译入语和知识内容进行理解,并对源语言进行重组后,将句子完整的意思进行表达。

口译最终的结果就是表达,并且口译质量的好坏就在于最后的表达。译员只有拥有了丰富的目的语的知识与言外知识,才能使最后的表达更加流畅和准确。口译表达一定要快,通常会要求使用交替传译的译员在发言人刚刚结束发言的时候就开始翻译,可以有停顿的时间,但不能超过两秒;通常会要求使用同声传译的译员要在发言人说完半句话的时候开始翻译,以免破坏现场的氛围和观众的情绪。口译的表达一定要清晰,表达时的音量和速度要适宜,在面对听众的时候要表现得沉着冷静,注意和观众之间需要有眼神上的交流,说话要大方,在表达时还要注意发言人的措辞,说话的风格以及说话的语气等方面,采取适合的表达方式。

3. 口译分析

在图中 A 后还有 D 和 CC,其中 D 指的是 discourse,即语篇;CC 指的是 cross-cultural communication,即跨文化交际,因此,A 指的是译员对语篇和跨文化交际的分析。想要准确地理解源语言并且流畅地将译入语表达出来,就要注重口译分析的环节,其分析的内容既包括源语言和译入语的语言,还包括跨文化因素,并且贯穿于口译过程的始终。在口译活动的理解阶段,译员通过口译分析可以了解讲话人所表达的内容;在口译活动的表达阶段,译员通过分析使用适合听众的译入语,面向听众流畅地表达出来。

在口译活动中,译员需要将发言者所表达的意义进行分析和理解,在决定选用适宜的词汇、语气以及语体等内容后,才能将目的语流畅地表达出来。口译活动作为一种跨文化交际的行为,要求译员具有跨文化交际的意识。

二、商务口译译前准备

当人们观看口译活动时,通常会对译员的表现做出赞赏,但人们不知道的是,译员之所以能够出色地完成口译任务,是因为译员所做的译前准备。口译这项脑力活动不仅跨文化还跨语言,带有高强度和高难度的特点,所以译前准备在口译活动中就变得十分重要,如果译前准备得不够充足,或者根本就没有做准备,译员甚至有可能会完不成口译任务。

译员在口译的过程中需要保证能够"一心多用",在听发言人讲话的同时需要对讲话的内容进行分析和理解,做出适当的笔记内容,当发言人结束后要立即将内容转述给他人,如果是同声传译,译员就需要在听的过程中就将内容转述出去。如果做好了译前准备,在口译的过程中,译员首先会减轻心理上的压力,缓解紧张的情绪,在激活相关知识图式后,译员就能出色地完成口译任务。译员准备实际上是译员的基本功,在口译过程中处于重要环节的地位。关于商务英语口译的译前准备,主要包括以下五个方面的内容。[①]

(一)熟悉主题

我国的译员很少有专门从事某个专业领域的口译工作,所以译员需要接受的口译任务包含许多个不同的领域。例如,科技领域、经济领域、商贸领域、司法领域以及艺术领域等。在不同的领域下又包含着多种不同的主题内容,如在科技领域中所包含的主题有微电子技术、生物技

---

① 赵敏如.论商务陪同口译的译前准备工作[J].开封教育学院学报,2015,35(3):268-269.

术、环保技术以及航天技术等。现在的社会科技依旧在快速发展,不断有新的发明创造、新鲜的事物以及新的专业术语出现,这对于一名译员来讲是一项严峻的挑战。如果一名译员完全不熟悉IT技术,是没有办法完成电脑芯片设计研讨会的口译工作的;如果一名译员完全不熟悉光疗法(light therapy),是没有办法完成牛皮癣光疗法最新进展报告的口译工作的。

由此可见,译员需要在口译任务接收时,对口译的主题进行详细的了解,有需要的话还可以让主办方提供相关的资料,包括公司简介的内容、关于产品的生产流程以及产品说明等内容。译员还可以根据已有的线索,自己在网上找寻可用于补充的内容,从而加深对口译主题的熟悉程度和了解程度。

比如,译员参加了一场谈判,该谈判的内容是关于校企合作的,谈判的主题是校企合作的途径,该企业是世界著名的汽车企业,其谈判的主要目的是探讨为满足该企业的需求,在学校设置怎样的专业以便为企业输送优秀的技术人才。针对该谈判所要做的译前准备的内容包括对该企业的具体生产流程以及相关的工艺内容做充分的了解。在谈判的过程中,当企业的总裁谈及包括钣金加工(sheet mental processing)以及喷漆(painting)等有关于清洁的10多道工序时,译员都能将其准确地翻译出来。这种准备充足的口译会提高校企双方谈判的成功概率,还会得到双方的赞赏。

再如,译员参加了一场关于创意产业的创业论坛,在论坛中"怎样在不同的创业阶段选用与其相适应的融资方式和融资途径"是其中某一位嘉宾所要发言的主题内容,译员在提前得知的情况下,需要根据该主题搜索许多相关的资料。当嘉宾提到关于融资的专业词汇,例如天使投资(Angel Investment)以及首次公开募股(IPO, Initial Public Offering)等内容时,译员都能将其准确地翻译出来,从而出色地完成口译任务。

(二)准备讲稿

讲稿一共可分为两类:一类为宽泛类的讲稿,另一类为专业类的讲稿。最典型的宽泛型的讲稿是礼仪祝词,在这类讲稿中有一些内容都是固定的表达方法和套话。例如,"现在,我宣布……隆重开幕"以及"祝愿各位专家、学者事业有成!"等。在遇到这些内容时,有经验的译员通常在没有讲稿的情况下,可能顺利地翻译出来。而最典型的专业类的讲稿是分会场报告以及主题发言稿等,这类讲稿通常都是针对某一个主题进行深入的讲解,因此,译员需要提前从发言人或活动的组织方拿到发言的稿件,这类稿件不仅局限于发言稿,一些论文集以及光盘等也同样是需要了解的内容。[①] 如果译员没有办法提前拿到具体的稿件内容,译员可以从主办方处获取发言的提纲内容,或者在发言过程中使用的幻灯片。

关于获取相关资料,有省级的翻译协会对其做出了明确的规定,认为译员可以在得不到相关资料的情况下拒绝接受口译任务。如今,随着会展的发展和完善,会展口译的工作也变得更规范,译员已经可以得到相关的会议内容包括日程的安排以及会议指南等内容,有时会议还会提供装订好的论文集。

(三)准备术语

最能体现某一领域发展趋势的内容就是国际性会议,在这些会议中,因发展而使领域中不断出现新的专业词汇,在翻译这些词汇时,由于不是该领域的专业人员,所以译员难免会遇到许多的难题,因此,在这类会议开始之前,译员需要提前对这些新的专业词汇展开了解。

例如,在某次关于化纤内容的国际大会中,一位发言人在发言中提到了许多专业的术语,如碳纤维(carbon fiber)、聚丙烯腈(polyacrylonitrile)、母体(precursors)、氧化箱(oxidizing oven)以及每单位密度的强度和模数(the strength and modulus per unit density)等。如果译员在会议开始之前没有做好充足的准备,对于这些内容又没有充分地认识,在翻译的过程中就会遇到许多的问题,甚至无法完成口译任务。译员是不需要做到像专家一样对这些专业内容的方方面面都充分地把握住,但在口译之前,对于重要的专业词汇一定要有所了解,对发言稿中的专业术语也要有充分的了解。

如今的网络已经足以为译员提供他们想要了解的内容,译员可以通过翻阅书籍、词典以及过往会议中的资料等内容对相关术语进行收集和整理,并找到相关的最适合的译文。译员在每次会议结束之后可以对会

---

① 王婧婷.浅析会议口译的译前准备工作[J].知音励志,2017,(5):203.

第八章　商务英语口译与跨文化交际

议中的专业术语进行整理和收集，并对其进行不断地更新，从而形成便于自己使用的"数据库"。在之后的口译任务中，译员就可以根据自己积累下来的经验，对内容进行翻译，在运用经验的同时还能提升自己的能力。

译员在口译活动开始之前还需要注意，国际会议报告的时长只有20—30分钟的时间，发言人通常会遵守"KISS"原则，即简明易懂的原则，英文全称为 Keep it simple and stupid，因此，发言人在说一些专业术语的时候通常都是说它们的缩略语，因此，译员在了解这些缩略语的时候还需要对其缩略语进行记忆。

例如，在某个同汽车行业相关的论坛中，发言人在报告时就使用了许多的缩略语，包括 ABS，中文含义为"防锁死刹车系统"，英文全称为 anti-lock brake system；ALS，中文含义为"自动车身水平系统"，英文全称为 automatic leveling system；ASR，中文含义为"加速防滑控制系统"，英文全称为 acceleration skid control system 等。

除了同会议主题相关的专业术语的缩略语外，有一些常用词汇的缩略语译员也同样需要掌握，并且这些缩略语要求译员能熟练运用，当出现时，能以最快的速度反应过来，如中国贸促会，英文全称为 China Council for the Promotion of International Trade，其缩略语为 CCPIT；中国国际贸易洽谈会，英文全称为 China International Fair for Investment and Trade，其缩略语为 CIFIT；联合国教科文组织，英文全称为 the United Nations Educational, Scientific and Cultural Organization，其缩略语为 UNESCO；等等。

（四）了解服务对象

在会议中，口译服务的对象并不是只有发言人，参加会议的嘉宾以及会议中的听众等人都是口译服务的对象，而且在一些大型的国际会议中，参加的听众都是相关的专业人士，希望通过国际会议能得到业界的最新动态消息，译员在这些会议中对于专业术语的翻译就要做到更准确。

在会议开始之前，译员需要了解发言人以及参加会议嘉宾的详细信息，包括姓名、性别、国籍以及服务机构等内容。这些内容译员可以通过他们的名片，通过在网上查找等方式得到，译员在口译的过程中，如果遇到了这些内容也不会太慌乱。

有一些人名和地名，其拼写方式和英语相似，但发音规则完全不同，因此，英语译员在翻译的过程中需要对这些单词多加注意。在之前的一个国际会议中，我国外交部译员戴庆利就遇到过这样的事情，沙姆沙伊赫的英文拼写为 Sharm el Sheikh，但该单词并不是按照英语的发音规则进行拼读的，因此，对方一直都没有理解"沙姆沙伊赫协议"的含义。

头衔也是译员在翻译的过程中需要注意的内容，在不同的国家对于同一个头衔拥有不同的称呼，例如，provost 一词，在美国的含义可以是大学教务长，在爱尔兰的含义则是大学校长，而在口译中，大学校长的通用译名为"president"。

参加国际会议的人员来自不同的国家和地区，并且有的译员经常需要为带有浓重口音的人员进行翻译，因此，译员在口译的过程中需要对发言人的口音有所了解，曾经还有过译员为一名得过中风的学者进行翻译，译员口译的难度也因此得到了提升。为了顺利完成口译活动，译员需要对发言人的口语进行了解，其了解的方式可以是接触交谈，也可以通过观看视频资料进行。

（五）准备装备

关于口译的印象，人们通常认为口译人员只需要开口说话就够了，不需要其他的东西，实际上，译员和大部分的工作一样，在口译的过程中也是需要装备的，主要为通行证、笔记本以及笔等物品，其中笔一定要是按压式的圆珠笔。有一些译员由于没有重视装备的问题，从而导致在口译的过程中产生了许多原本可以避免的麻烦。

例如，译员在口译开始之前只准备了几张打印完成的稿件内容，然而在口译正式开始的时候，发言人有可能并没有按照原稿件内容进行发言，因此，译员只能在这几张纸上做笔记，虽然最终口译任务也会完成，但其过程还是十分惊险的。仅此，译员需要重视口译的装备。

在一些重大的口译场合，译员还需要随身携带一些重要的证件，比如会议现场的通行证以及用于表明自己身份的口译证等。如果因未携带证件而导致无法进入会场，其造成的后果是十分严重的。

在商务口译中，译前的准备环节是口译的重要环节，译员想要顺利地完成口译任务,就一定要最好译前的准备工作,做到当口译现场有突发状况时,也能从容应对。

第二节　商务英语口译的特点

一、即席性强

商务英语口译实际上是将语言符号进行转码的一种活动,并且该活动对于译员来说都是临场进行的,经常会缺少事前的准备工作。译员在商务英语口译活动中可以通过话题推断此次商务英语口译的主题,但通常对于说话者接下来要表达的内容是难以预测的,这种困难在商务谈判中表现得更加明显。

在表达信息的连贯性以及接受信息的连贯性上,会因为交际双方多了一个人物而使其受到一定的阻碍,因此,在交际过程中,对话双方都不会希望译员占用较长的时间完成商务英语口译活动。所以,译员在即席反应和临场发挥上需要具有较高的水平。

二、压力大

商务英语口译过程中的压力来自商务英语口译的环境,也来自译员的心理。在不同的商务英语口译现场中,其商务英语口译的环境氛围也是不同的。例如,如果是观光商务英语口译,那么商务英语口译的环境就比较轻松随和;如果是会议商务英语口译,那么商务英语口译的环境就比较严肃。有一些缺乏经验的商务英语口译人员在气氛比较严肃的商务英语口译场合中就会有比较大的压力,情绪过于紧张会使译员在商务英语口译的过程中产生错误,从而降低了译员的信心,影响商务英语口译的质量。同时,商务英语口译场合的气氛是会发生变化的,心理压力较大的译员其反应也变得缓慢,来不及应对突发情况,影响正常的商务英语口译水准。

译员在商务英语口译活动中需要将商务英语口译的氛围如实地表现出来,不能随意地调节商务英语口译的氛围,尤其是在商务英语会议口译以及商务英语谈判口译等场合中,同时,译员不能因商务英语口译的氛围而在情绪上产生波动,同样也不能引导商务英语口译现场的氛围。

三、独立性强

商务英语口译是需要译员独自进行的活动,译员所承担的责任也随着独立性的增强而加大。在商务英语口译的过程中,译员遇到问题是没有人能帮助他的,同时,译员也没有办法避免商务英语口译过程中所遇到的各种问题,并且,这些问题所涉及的内容也很广泛,可能是与语言知识相关的内容,可能是与传统文化相关的内容,也有可能是与社会背景相关的内容等。在商务英语口译的过程中,译员也没有使用工具书查找相关资料的机会,也不能让发言者自己解释问题的意义,或不断地重复语句。

商务英语口译的责任是需要由译员自己来承担的,译员不能随意翻译,不能信口雌黄,遇到问题时也不能随意译。有一些商务英语口译的场合,在后续的环节中是可以加以改正的。例如,在商务谈判的场合中,如果译员产生了严重的错误,在后续起草的环节或者是签署协议的环节,译员还可以对错误的地方进行改正。但是在大部分的商务英语口译活动中,译员都是没有改正的机会的,因此译员所要遵循的最重要的一项原则是"译责自负"。

四、综合性强

商务英语口译活动的综合性具体表现在其包含了视、听、说、读、写共五项活动。其中视指的是译员需要具有观察说话者的各项非语言因素,包括面部表情、情绪姿态以及手势等内容的能力;听指的是译员需要具有听懂带有地方口音的语言能力,同时还要跟得上说话者的语言速度;说指的是译员需要具有表达母语的能力和表达外语的能力;读指的是在视阅传译中,译员需要具有阅读理解的能力;写指的是译员需要具有双语速记的能力。

商务英语口译作为一项传播信息的活动,具有立体式和交叉式的特点,然而译员在商务英语口译的过程中会因信息传播的渠道以及多层次的信息来源而产生困难。例如,如果发言者带有浓重的地方口音,就会对译员的翻译工作带来一定的困难。但有时译员所得到的并不都是困难,例如,在观光商务英语口译的场景中,因为现场更加的直观,说话者的肢体动作更生动,从而为商务英语口译工作带来一定有利的条件。

五、知识面宽

商务英语口译的知识面宽的特点主要表现在传递的信息所覆盖的内容是没有限制要求的,商务英语口译的内容可以是文化生活也可以是政治社会,可以是商务会议也可以是商务谈判等。由此可见,商务英语口译这门职业的专业性质很强,担任该职位的译员需要有基本的语言功底,还需要有出色的双语表达能力和熟练运用商务英语口译的各项技能,但这些内容依旧是对一位合格的译员所提出的最基本的要求。

商务英语口译的对象并不只是同一个阶层的人,他们可以来自不同的行业,可以受过不同程度的教育,可以存在不同的文化背景,但无论是哪类人,在交谈的过程中都会将自己的专业知识表达出来,而译员为了完成商务英语口译的任务,就要对这些内容多多少少都要有些了解。因此,对于译员的要求,不仅是语言能力上的要求,译员还需要掌握许多不同领域的知识内容。

第三节 商务英语口译中的跨文化交际因素

一、商务口译中的英汉语法结构差异

第一,常见的存在句 there+be。对于 there+be 句式的口译,可以采用顺译或倒译的方法:顺译可以理解为"有什么东西在哪里",倒译则是把状语提到句首"哪里有什么东西"。例如,译员在听到"There are 500 cases of black tea, at $20 per kilogram, in our factory."后,可以译为"有500箱红茶在我们工厂,每公斤20美元",或者"在我们工厂有500箱红茶,每公斤20美元"。

第二,口译过程中也经常碰到比较级:一种是以 than 连接的比较级句式,一种是以 as 连接的比较级句式。我们可以采用顺译,把比较级成分分成单独的成分进行翻译。例如，"Your quotations are higher than IBM."，译员可以使用顺译的方法把句子翻译为"你的报价高于IBM"。再如："Your coffee is many times as expensive as it was 10 months ago."可以被翻译成"你的咖啡涨价好几倍，跟10个月前相比较而言"。

第三，被动语态是商务英语中经常会出现的时态。译员在面对被动语态时需要对句子的顺序做出调整。关于被动语态的翻译，张培基将其主要分成了三种类型：第一种类型是将被动语态翻译成主动句，如"The shipping advice be given to the buyer by cable after shipment."这句话翻译成主动句为"在装运完成后，卖家需要将装船的消息以电报的方式通知给买家"；第二种类型是将被动语态翻译成被动句，如"The whole ship will be filled with containers."这句话翻译成被动句为"一整艘船将被集装箱填满"；第三种类型是将被动语态翻译成"把"字句、"使"字句或"由"字句，如"The goods had been completely destroyed by the storm."这句话翻译成"把"字句为"这场暴风雨把货物全都损坏了"。

二、商务口译中的英汉句法差异

王燕在《英语口译实务（2级）》（修订版）[①]中对英汉的句法差异有相关的论述内容，她认为，第一，汉语句子是"主题突出（topic-prominent）"的结构类型，英语句子是"主语突出（subject-prominent）"的结构类型。在将汉语翻译成英语时，可将讨论的主题内容按照主谓句的形式翻译出来。例如，汉语原句为"经济体制改革和政治体制改革要有新的突破"，在译成英语时可译为"We need to make breakthroughs in the reform of political and economic systems."

第二，英语中有一种被称为"动词拟人"的现象，即主语为客观事物或抽象名词，谓语是形容人的动作、行为等的动词。在被翻译成汉语时，应该要根据汉语的习惯对句子的语序进行调整。例如，"To be frank, 2011 witnessed the most successful cooperation between us."可以译为"坦白地说，我们在2011年的合作是非常成功的"。

第三，在汉语中，无主句句型是常见的一种句型，但在翻译成英语

---

① 《英语口译实务》是编者基于多年的口译教学经验和口译教学的特点，根据"全国翻译专业资格（水平）考试"口译考试大纲的要求，以专题为主线，以口译技巧讲解为重点，设计编写了这套教材。

时,为了满足英语的语法习惯就需要在句中加入适当的主语和宾语,使译文看起来更通顺。例如,汉语原句为"及时沟通和磋商,避免矛盾激化",翻译成英语可以是"Disputes should be addressed in a timely manner through communication and consultation to avoid possible escalation."

第四节　跨文化交际背景下商务英语口译的原则与策略

一、跨文化交际背景下商务英语口译的原则

口译作为一种独立性很强的工作,需要遵循一些原则,这里将口译原则归纳为以下八点。

(1)掌握语言与背景知识的准备原则。在口译过程中,译员首先要具备一定的语言能力即面对公众正式谈话与沟通的能力,因为语言的灵活运用能力与口译任务的完成有密切关系。其次,译员还需要具备对下文的预测能力以及对背景知识的掌握。背景知识包括专业知识、行业背景、相关历史等,这些知识的欠缺会严重影响译员对信息的理解、把握和预测。

(2)表达明确的原则。口译的即时性特点要求译员的译文能被交际双方即时、清晰地听懂,以便进行顺畅地沟通,因此口译过程中应避免使用容易引起歧义的语音或词汇和冷僻的词,而要采用浅显、易懂的表达方式。

(3)传意不传词的原则。在口译的过程中,除了一些专有名词(如国名、地名、人名、机构名、国际组织以及法律条文等),大部分内容都是在充分理解意义的基础上,用自己的话进行传译,而不需要词对词、句对句地去翻译。因此,译员只需结合讲话人的风格和现场讲话的气氛传译出讲话人所要表达的深层次含义即可。

(4)听取与思考并重的分析原则。口译以听力为开端,而且一般只有一次听的机会。为了准确地听取信息并且找到信息的含义,译员必须具有敏锐严谨的逻辑分析能力和迅速有效的笔记能力。译员尤其要注意讲话人讲话过程中的一些关键词,如连接词、指示词、副词等,因为这

些关键词往往代表了讲话人的逻辑思考模式。然后,译员要及时将这些逻辑词进行分析并记录,笔记不要太复杂,用简单的符号、线条、图画即可。此外,译员在记笔记的同时还要注意说话人的表情、手势等表达的信息。

(5)词序不变的原则。在口译过程中,译员必须在极短的时间内处理庞大的信息量,时间十分宝贵。如果将精力集中于词语、句子及其之间的转换,既会浪费宝贵的时间,也会大大增加译员的压力。因此,译员只需按照原文的词序、句序,将意思准确传达出来即可。当然,这样的口译有时会使译语结构比较松散,因而译员要灵活地采用增减法,以符合译语表达习惯为准。

(6)表达流畅通顺的原则。口译时要流畅准确,这样才能保证服务对象顺利地进行交际。为此,译员必须熟悉并掌握常用的词句,包括常用的基本句型、专有名词、套语(如会议用词和社交用语等)、度量衡、年代等的换算。

(7)控制时间分配的原则。在口译的过程中,时间分配一般是原文和译文占同等的时间。因此,译员在口译的过程中要尽量避免中断、赘词、赘音、重复等现象,以免耽误口译时间。

(8)精益求精的原则。理想的口译要求译员做到以下三点。
①译员要针对临场的需要,解决语言沟通的问题。
②译出的内容要符合公共演讲的形式与风格。
③译员要以纯熟的口译技巧来掌握节奏和控制时间,以明白、清晰的语言将听取的原文信息传达给听众。

上面的三点分别涉及口译的针对性、艺术性和技术性。译员在平时的练习中要养成仔细研究原文、认真琢磨译文的好习惯,并要在每次练习之后不断反思、不断总结,以提高自身的口译水平。

二、跨文化交际背景下商务英语口译的策略

(一)口译记忆策略

出众的记忆力是口译人员必备的素质之一。记忆力因人而异,每个人在不同的年龄段记忆力水平也有很大差异,无论如何,后天的培养会对提高记忆力产生很大的帮助。

第八章 商务英语口译与跨文化交际

译员在进行即席翻译时,有一些场合是没有办法做笔记的,如观光口译、参观口译以及宴会口译等,在这些场合中,译员通常是边吃边译或者是边走边译,是没有书写记笔记的机会的。在这种情况下,译员就只能通过自己的记忆力完成口译活动。关于记忆能力,下面将介绍几种有效的方法。

1. 记忆时间

关于帮助记忆的方法,可以通过记忆时间来记忆具体的内容,这种方式适用于由时间片段组合起来的内容。例如:

Welcome to the "Australian Week-A Unique Experience of Australian Flavor". This "Australian Week" lasts for five days. We have arranged such events for you: March 13th, Monday, is the Australian Food Festival, to show you the flavor of Australian food; March 14th to hold the "Australian Week Cup" tennis tournament; March 15th, Wednesday, an Australian investment seminar will be held; an Australian painting exhibition will be held on March 16th; an Australian photography exhibition will be held on the last day. We hope to let you know more about Australia through the "Australian Week" event.

这是一段比较长的内容,译员在对其进行记忆时,只需要记住时间线索就能将主要内容记忆下来,该段落可译为:

欢迎参加澳洲周活动——带有澳洲特色的独特体验。我们为期五天的澳大利亚周安排了以下活动:3月13日是星期一,澳大利亚美食节将带您领略澳大利亚美食的魅力;在本周,"澳洲周杯"网球赛将于3月14日举行;在3月15日星期三那一天将举办澳大利亚投资研讨会;到了3月16日,您可以欣赏澳大利亚绘画展;而在本次旅行的最后一天,将举办澳大利亚摄影展。我们希望您可以通过"澳洲周"更多地了解澳大利亚。

2. 记忆地点

译员还可以通过记忆地点来记忆具体的内容,这种方式适用于由地段片段组合起来的内容。例如:

This is the main library. On the other side of the campus, there is also a graduate library in the Newman Hall. This is the periodical room, which mainly displays recent and new periodicals. Past periodicals are stored in the other periodical room on the left. This is the main reading room, and there are several others, at least one on each floor. There are the audio-visual rooms. You can borrow tapes, cassettes, slides or movies, and you will not disturb others when you listen or watch. These are printers, connected to all the computers in this room, and print 5P per page. Here is a photocopier, there are several on almost every floor.

在这段话中,译员可以通过记忆地点的关键词来记忆具体的内容:这—主图书馆,那—研究生图书馆(纽曼楼);这—近期的期刊,左边另一个—过期的期刊;另一个地方;这—主阅览室,其他阅览室,每个楼层至少一个;那—视听室;其他的地方;打印机—电脑,一页5便士;复印机,每一层。

除了上述的这种记忆的方法,译员也可以按照自己的习惯进行记忆,在译整段内容的时候,译员可以在脑中对空间形成一个印象,在这个过程中在听和看的同时进行记忆。将这些关键词串联起来,可以将这个段落译为:

这是主图书馆,校园另一边的纽曼楼里还有一个研究生图书馆。这是期刊室,主要存放最新的或近期的期刊,左侧还有另一个期刊室,主要存放过期的期刊。这是主阅览室,还有其他几个阅览室,每个楼层至少一个。那边是视听室,您可以使用磁带、录音带、幻灯片或电影,并且可以在不打扰他人的情况下进行收听或观看。这里是打印机,与这个房间里的所有电脑相连,打印一页需要支付5便士。这个是复印机,几乎每个楼层都能找到几台。

3. 记忆具体事由

译员还可以通过记忆具体的事件来记忆段落内容,这种方式适用于由多件事由组合起来的内容。例如:

今年我国出口的情况要好于预期,预计到今年年底,我国的出口总额可达1.5万亿美元。具体原因在于以下几点:一是深化外贸结构改革的成效显著。中国加入世贸组织以来,国家采取了一些鼓励改革的措施,外贸体制运行良好。二是工农业生产不断发展,为出口提供了物质

第八章 商务英语口译与跨文化交际

基础。三是鼓励外贸改革措施正在落实和完善。四是国际环境对我国出口有利。世界经济的稳定发展为我国出口提供了良好的外部条件。

在这段内容中译员需要记住的关键内容是我国的出口状况好,到年底能达1.5万亿美元。而达成这种现象的原因一共分为两个部分:国内和国际。国内一共有三点原因:第一点是入世和外贸结构改革;第二点是物质基础;第三点是鼓励改革措施完善。国际有一点原因:提供了有利的环境。

译员根据这些线索对内容进行记忆,可将其译为:

Our country's export situation this year is better than expected. It is estimated that exports will be completed at $1.5 trillion by the end of the year. This is mainly because: First, the deepening of the reform of the foreign trade structure has achieved obvious results. After China joined the WTO, the country has adopted measures to encourage reforms, and the foreign trade system has been operating normally. Second, the continuous development of industrial and agricultural production provides a material basis for foreign trade exports. Third, our country's reform measures to encourage foreign trade continue to be implemented and improved. Fourth, the international environment is more favorable, and the stable development of the world economy provides favorable external conditions for our country's exports.

4. 形象化

有些口译的内容很容易使译员产生联想,译员凭着联想可以使某件事形象化,在发言人叙述的过程中,译员脑子里可能出现熟悉的画面,从而帮助记忆。例如:

The 9.0 magnitude earthquake—the biggest in Japan in 140 years—struck the northeast coast of Japan at 2: 46 p.m. local time on Friday, March 11, 2011. The tremor triggered a devastating tsunami sweeping away cars, ships and buildings and led to the explosion of nuclear power plants.

译员在听的过程中,一定会联想起从电视上看到过的有关地震和海啸的场面,这时,译员只要能记住地震发生的时间、地点和震级,就能把这段话译为:

一场9级地震——日本140年来最强的一次地震——于当地时间2011年3月11日星期五下午2∶46袭击了日本东北部海岸。地震引发了灾难性的海啸，冲走了汽车、船舶和建筑物等，并导致了核电站的爆炸。

除上述方法外，译员还可以根据不同场景选择不同线索以帮助记忆，如人物、事件等。无论如何，初学者都应学会找出一篇讲话的重点和关键连接词，综合运用已经掌握的各方面的知识进行记忆，这对于下面要提到的记录也很有帮助，因为口译记录也是只包括重点内容和框架。

（二）口译笔记策略

在交替传译中，译员需要掌握的一项核心的技能就是记笔记。记笔记的基础是理解，记笔记的目的是帮助译员记忆内容和翻译出内容，译员能根据笔记记忆内容和翻译出内容的保证是选择性记笔记。[①]

1.笔记的作用

（1）扩大记忆容量

口译笔记对扩大记忆容量的作用不言而喻。鉴于工作记忆的容量和保留时间有限，面对长时间、多任务、高压力、高强度的工作挑战，口译员需借助笔记记录关键信息、语篇结构、数字、专有名词等细节信息，以扩大记忆容量，减轻记忆负担。

（2）帮助逻辑分析

逻辑分析对于原文的理解至关重要。无稿发言常结构松散，语言繁复；有稿发言则信息密集，多冗长复句，易超出人脑短时记忆句法负荷，因此对逻辑的把握是分析和理解原文的关键。

将抽象信息内容的形象表现出来的方式，就是在记笔记的过程中使用符号、线条或者图形等一些内容将抽象信息的逻辑结构记录下来。这种记录的方式可以帮助译员从逻辑上对内容进行分析和理解，实际上起到了思维导图的作用。

（3）提高记忆质量

记笔记时手、眼并用，在听觉记忆之外还产生了视觉和动作记忆，增

---

① 胡斌.口译笔记技巧[J].考试周刊，2013，（23）：83-84.

加了记忆通道。若能协调得当,会起到加深记忆、延长保留时间、提高记忆质量的作用。

(4)帮助信息输出

在输出阶段,笔记中承载的关键信息和逻辑结构等为译员提供记忆线索,帮助译员更迅速、更有序地提取信息,从而提高产出的完整度和质量。

2. 记笔记的原则

(1)合理分配认知资源

认知心理学研究表明,认知资源是有限的,多任务处理时需注意合理分配认知资源,否则会导致认知超负荷,影响任务执行。根据吉尔(Gile)的认知负荷模式,交替传译(第一阶段)=听力与分析+笔记+短期记忆+协调。如果在笔记上分配过多精力会影响其他任务的完成,所以要秉持"理解先行,脑记为主,笔记为辅"的原则,合理分配认知资源。

(2)形式与效果并重

笔记的核心作用是在口译现场帮助理解、记忆与产出信息,任务结束就失去作用,所以译员没有必要、也不应该分配精力去追求笔记的整齐或字迹端正。但是,过于杂乱潦草的笔记会影响译员信息读取的质量与速度,所以记笔记应该注意形式与效果并重,书写与结构安排须有高度可辨性,做到简洁直观、一目了然。

3. 笔记的习得规律

译员在口译的过程中,需要掌握的核心技能是记口译笔记。技能的另一个名称为程序性知识,它实际上是一种能力,而这种能力形成的基础在于不断地练习,形成这种能力的目的是完成有关躯体协调的任务和完成智慧任务,在完成任务的过程中还需要按照一定的规则或操作程序来完成。关于技能的习得内容,安德森(Anderson)在激活论中就做过相应的概述,加涅(Gagne)则是在层级论中做出相应的概述,并从现代认知心理学的角度,将其一共分成了三个阶段:输入阶段、转化阶段以及自动化阶段。口译笔记的习得规律就同这三个阶段的习得规律相同。

(三)数字口译策略

1. 基数词的译法

最简单的用于表达百万以上数字的方式就是将百万单位上的数字后面用 point 来表达,其单位为 million。例如,456 万的表达方式为 4.56 million,5 亿 1254 万的表达方式为 512.54 million。同理,十亿以上数字的表达方式就是将十亿单位上的数字后面用 point 来表达,其单位为 billion,例如,255 亿的表达方式为 25.5 billion。

在口译过程中,想要快速将数字翻译过来的方式一共有三步:第一步为快速记录数字,第二步为快速转换数字,第三步为快速读出数字。

下面针对这三大步骤总结出又准又快地翻译数字的诀窍。

(1)快速地记录繁复数字

数字无须分析理解,可以紧跟源语,按源语式快速记录下来。最难记录也最容易犯错误的是中间包含有 0 的长列数字,如英译汉 4,021,907,650,301,源语读作:four trillion/twenty one billion/nine hundred and seven million/six hundred and fifty thousand/three hundred and one,记录中,听到 "trillion、billion、million、thousand" 时,记下标逗点表示:4,21,907,650,301。然后,关键的一步是:逗点之间不足三位地在左边加 0,即还原成:4,021,907,650,301。然后,按四位标注,用汉语读出:4'0219'0765'0301 四万零二百一十九亿七百六十五万三百零一。

而汉译英,依旧是这串数字 "4'0219'0765'0301",读作四万零二百一十九亿七百六十五万三百零一,记录中,听到 "万亿、亿、万" 时,即上标逗点表示:4'219'765'301。然后,关键的一步是:逗点之间不足四位的在左边加 0,即还原成:4'021'907'650'301。按三位标注,用英语译出 4'021'907'650'301 为 four trillion/twenty one billion/nine hundred and seven million/six hundred and fifty thousand/three hundred and one。

上述的方法看起来比较复杂,但当译员经过练习对其熟悉了之后,这些复杂的内容就变得简单了,记录数字的速度和转换数字的速度也会有所提高,译员在翻译复杂的数字时也就没有那么大的压力了。

（2）繁复数字的快速汉英转换

熟记英汉语之间基本单位的转换：1万 = ten thousand；10= one hundred thousand；100万 = one million；1000万 =ten million；1亿 = one hundred million；10亿 = one billion；1万亿 = one trillion。

（3）快速地说出繁复数字

汉译英时，对记录下的数字进行三位标注，如：4,321,987,654,321, trillion；billion；million；thousand。英译汉时，对记录下的数字进行四位标注，然后用汉语读出数字。4'3219'8765'4321。

2. 倍数、百分比的译法

表示倍数的方式有很多种，如"这个房间是我房间的四倍"，既可以翻译成：This room is four times as big as mine，也可以翻译成：This room is three times larger than mine。

关于四倍的表示除了这两种方法还有一种，是用"翻两番"的意思来表示，如"国内的生产总值到了2020年同2000年相比能够实现翻番，达到40000亿美元左右"，翻译成英语为：By 2020, China's GDP will quadruple that of 2000 to approximately USD 4 trillion.

关于"几成"的翻译方式，在英语中通常直接译成百分数，即"一成"就是指10%，"六成"就是指60%，"两成三"就是指23%。例如，原句为"今年的粮食产量比去年增长两成三"，翻译成英语为"The output of grain this year has increased by 23% over the last year."

3. 分数的译法

一些比较小的分数其读写方法为，分子是基数词，分母为序数词，在熟悉中两个词中间还需要加"-"。例如1/3用英文表示为one-third；2/3用英文表示为two-thirds。一些比较复杂的分数其读写的方法一共有两种比较简化的方式：a/b用第一种方式表示为 a over b；用第二种方式表示为 a divided by b。例如，22/9用英文表示为twenty-two over nine 或 twenty-two divided by nine。既有整数又有分数的读写方法为，整数的部分和分数的部分都正常读写，但在整数和分数之间需要加"and"。例如，$9\frac{2}{5}$用英文表示为 nine and two fifths。当分数在句子中充当了前置定语，分母需要使用单数的形式，如"四分之三"多数用英文表示为 a three-quarter majority。

4. 小数与百分数的译法

（1）小数的译法

小数中的小数点通常用 point 来表示,小数点左边的数字按照正常整数的读法读即可,小数点右边的数字则需要逐个读出,需要注意的是,如果左边的数字超过了三位不好读,也可以逐个读出。例如,123.321 用英语可以翻译成 one two three point three two one,也可以翻译成 one hundred and twenty-three point three two one。

在小数中如果遇到了"0",英式英语中通常会被翻译成 nought,美式英语中通常会被翻译成 zero,也可直接读成字母 O。例如,9.07 用英语可以翻译成 nine point nought seven,也可以翻译成 nine point zero nought seven,还可以翻译成 nine point o seven。

（2）百分数的译法

百分号的读法为 percent,百分数的数字若为整数则按照整数的读法读即可,若为小数则按照小数的读法读即可。例如,5.02% 用英语可以翻译成 five point o two percent。

5. 算式的译法

关于算式的译法,基本的加减乘除的算法都有两种表示方法。$a+b=c$ 用英语可以表示为 a plus b is c 或 a and b is c；$a-b=c$ 用英语可以表示为 a minus b is c 或 b from a is c；$a \times b=c$ 用英语可以表示为 a multiplied by b is c 或 a times b is c；$a \div b=c$ 用英语可以表示为 a divided by b is c 或 b into a goes c。

当遇到 $a:b=c$ 的情况时,用英语可以表示为 the ratio of a to b is c。当遇到平方数时,二次方用 squared 表示,三次方用 cubed 表示,四次方用 the fourth power of 表示,则 $a^2=b$ 用英文表示为 a squared is b；$a^3=b$ 用英文表示为 a cubed is b；$a^4=b$ 用英文表示为 the fourth power of a is b。

当遇到根式运算时,平方根 $\sqrt{a}=b$ 的表示为 the square root of a is b；立方根 $\sqrt[3]{a}=b$ 的表示为 the cubic root of a is b。当遇到大于号和小于号时,$a>b$ 的表示为 a is more than b；$a<b$ 的表示为 a is less than b。$a \approx b$ 的表示为 a approximately equals to b；$a \neq b$ 的表示为 a is not equal to b。

6. 趋势变化的译法

（1）表示向上的趋势

"上升"用英文表示为 to rise 或 a rise；"增加"用英文表示为 to increase 或 an increase；"提高"用英文表示为 to climb 或 a climb；"暴涨"用英文表示为 to jump 或 a jump；"高得多"用英文表示为 a great deal higher，若需要在该短语中突出程度可在 higher 前加 far 或 much 或 dramatically 来修饰。

（2）表示向下的趋势

"下降"用英文表示为 to fall；"下跌"用英文表示为 to drop 或 a drop；"下滑"用英文表示为 to decline 或 a decline；"减少"用英文表示为 to decrease 或 a decrease；"暴跌"用英文表示为 a sharp drop 或 plunge；"略微低于"用英文表示为 fractionally lower 或 marginally lower；"稍微低于"用英文表示为 somewhat lower；"稍低于"用英文表示为 slightly lower 或 a little lower；"远低于"用英文表示为 considerably lower 或 substantially lower。

在具有比较意义的句子中，突出其更高、更低或者更快的程度可以在短语中加入一些副词用于修饰，如 dramatically 是"显著地"的意思，marginally 是"微小地"的意思。这些副词在程度上也有一定的区别，常用的一些副词由强到弱的程度排序如下：dramatically—sharp—substantially—considerably—far—much—a little—sightly—somewhat—marginally。

如果表示趋势的内容是数字上的变化，需要在介词的使用上多加注意，常用的介词有 by, at, to 等。

（3）表示波动或平衡的词语

"达到平衡"用英文表示为 to level out 或 to level off；"保持平衡"用英文表示为 to remain stable；"波动"用英文表示为 to fluctuate；"保持"用英文表示为 to stand at 或 to remain at；"达到高峰"用英文表示为 to reach a peak。

参考文献

[1]（英）库珀(Cooper, C.)等编著. 旅游学(第3版)[M]. 张俐俐等编译,北京:高等教育出版社,2007.

[2] 白靖宇. 文化与翻译[M]. 北京:中国社会科学出版社,2010.

[3] 鲍文. 国际商务英语学科论[M]. 北京:国防工业出版社,2009.

[4] 鲍晓英,陶友兰. 中级英语口译:理论、技巧与实践[M]. 上海:上海译文出版社,2009.

[5] 车丽娟,贾秀海. 商务英语翻译教程[M]. 北京:对外经济贸易大学出版社,2010.

[6] 陈可培,边立红. 应用文体翻译教程[M]. 北京:对外经济贸易大学出版社,2012.

[7] 陈坤林,何强. 中西文化比较[M]. 北京:国防工业出版社,2012.

[8] 戴湘涛,张勤. 实用文体汉英翻译教程[M]. 北京:世界图书出版公司,2012.

[9] 段云礼. 实用商务英语翻译[M]. 北京:对外经济贸易大学出版社,2009.

[10] 冯莉. 商务英语翻译[M]. 长春:吉林出版集团有限责任公司,2010.

[11] 傅敬民. 实用商务英语翻译教程[M]. 上海:华东理工大学出版社,2011.

[12] 顾雪梁,李同良. 应用英语翻译[M]. 杭州:浙江大学出版社,2009.

[13] 郭贵龙,张宏博. 广告英语文体与翻译[M]. 上海:华东师范大学出版社,2008.

参考文献

[14] 何江波. 英语翻译理论与实践教程 [M]. 长沙：湖南大学出版社, 2010.

[15] 胡庚申. 翻译适应选择论 [M]. 武汉：湖北教育出版社, 2004.

[16] 姜增红. 新编商务英汉翻译实务 [M]. 苏州：苏州大学出版社, 2010.

[17] 康志峰. 英语口译理论与实践技艺 [M]. 上海：华东理工大学出版社, 2007.

[18] 李建军. 文化翻译论 [M]. 上海：复旦大学出版社, 2010.

[19] 李明. 商务英语翻译（英译汉）[M]. 北京：高等教育出版社, 2007.

[20] 李太志. 商务英语语言文化对比分析与翻译 [M]. 北京：国防工业出版社, 2013.

[21] 廖英, 莫再树. 国际商务英语语言与翻译研究 [M]. 北京：机械工业出版社, 2004.

[22] 梅德明. 高级口译教程 [M]. 上海：上海外语教育出版社, 2006.

[23] 潘红. 商务英语英汉翻译教程 [M]. 北京：中国商务出版社, 2004.

[24] 彭萍. 实用商务文体翻译 [M]. 北京：中央编译出版社, 2008.

[25] 宿荣江. 文化与翻译 [M]. 北京：中国社会出版社, 2009.

[26] 汪峰, 丁丽军. 实用英语翻译 [M]. 北京：电子工业出版社, 2005.

[27] 王斌华. 口译·理论·技巧·实践 [M]. 武汉：武汉大学出版社, 2006.

[28] 王燕希. 广告英语 [M]. 北京：对外经济贸易大学出版社, 2004.

[29] 魏海波. 实用英语翻译 [M]. 武汉：武汉理工大学出版社, 2009.

[30] 翁凤翔. 商务英语研究 [M]. 上海：上海交通大学出版社, 2009.

[31] 武锐. 翻译理论探索 [M]. 南京：东南大学出版社, 2010.

[32] 闫文培. 全球化语境下的中西文化及语言对比 [M]. 北京：科学出版社, 2007.

[33] 严明. 跨文化交际理论研究 [M]. 哈尔滨：黑龙江大学出版社，2009.

[34] 袁洪，王济华. 商务翻译实务 [M]. 北京：对外经济贸易大学出版社，2011.

[35] 苑春鸣，姜丽. 商务英语翻译 [M]. 北京：外语教学与研究出版社，2013.

[36] 曾文华，付红桥. 商务英语翻译 [M]. 武汉：武汉理工大学出版社，2009.

[37] 张全. 全球化语境下的跨文化翻译研究 [M]. 昆明：云南大学出版社，2010.

[38] 张佐成. 商务英语的理论与实践研究 [M]. 北京：对外经济贸易大学出版社，2008.

[39] 陈开富，周芹. 跨文化意识在商务英语写作中的应用 [J]. 商场现代化，2008（1）.

[40] 陈嵩. 商务英语翻译中译者的文化适应与文化选择 [J]. 东北农业大学学报，2014（1）.

[41] 陈雪慧. 商务英语中一词多义现象及其翻译策略研究 [J]. 英语广场，2021（1）.

[42] 袁妮子. 谈茶叶外贸业务中商务英语信函写作及翻译 [J]. 福建茶叶，2018（5）.

[43] 董人杰. 浅谈商务英语术语的英译 [J]. 海外英语，2020（18）.

[44] 董玮康，毕淼. 基于平行文本分析商务英语的翻译策略 [J]. 英语广场，2020（35）.

[45] 豆亚娟. 高校本科商务英语专业口译教学问题研究 [J]. 西南科技大学学报（哲学社会科学版），2020（5）.

[46] 杜碧辉. 商务英语信函翻译中的变通 [J]. 外语研究，2012（8）.

[47] 高海燕. 语境参数论在商务英语翻译中的语义识解机制研究 [J]. 海外英语，2021（1）.

[48] 何丽丽. 跨文化语境下的商务英语翻译策略分析 [J]. 海外英语，2020（22）.

[49] 侯贺英，陈曦. 文化体验理论对文化教学的启发 [J]. 时代经贸，2012（2）.

[50] 华晓艺,韩雪.浅析文化差异对商务英语翻译的影响[J].科技资讯,2020(34).

[51] 黄邵娟,徐鹏.概念整合视域下的商务英语翻译教学[J].红河学院学报,2020(6).

[52] 李小鹏,司蓓蓓.英汉商务信函中模糊限制语使用的对比研究[J].赤峰学院学报,2012(6).

[53] 李煜.商务文本的语体特征及翻译——基于翻译美学的研究[J].大理大学学报,2020(9).

[54] 李沅泽.商务英语广告翻译特点与修辞技巧[J].产业与科技论坛,2020(23).

[55] 刘丽梅.跨文化背景下商务英语信函翻译研究[J].英语广场,2020(31).

[56] 刘仪.跨文化交际中商务英语写作的文化差异[J].昭通师范高等专科学校学报,2011(6).

[57] 罗梓丰,蒋显文.中西文化差异与化妆品说明书翻译[J].安徽文学,2010(6).

[58] 马秀.商务英语信函的语言特点研究[J].语言广角,2016,(4).

[59] 穆石航.跨境电商下的商务英语翻译研究[J].营销界,2020(42).

[60] 穆石航.论国际贸易中商务英语的翻译研究[J].营销界,2020(38).

[61] 倪玥.基于功能翻译理论的商务英语翻译教学研究[J].吉林工程技术师范学院学报,2020(12).

[62] 宋永燕.浅谈旅游英语的语言特点[J].旅游经济,2012(12).

[63] 孙相文,聂志文.基于功能翻译理论的商务英语翻译研究[J].北京航空航天大学学报(社会科学版),2013(3).

[64] 童洁.论旅游英语的翻译方法[J].鄂州大学学报,2011(3).

[65] 汪晓萍.国际商务英语翻译的文化信息等值研究[J].辽宁教育行政学院学报,2015(5).

[66] 王翠文.浅析国际商务翻译活动中的文化差异因素[J].商展经济,2021(2).

[67] 王立非,李琳.商务外语的学科内涵与发展路径分析[J].外语界,2011(6).

[68] 王玉娟,徐默.顺应理论框架下商务英语翻译课程中译者主体性角色探究[J].才智,2020(26).

[69] 王卓.中英文商务信函比较研究[D].长春:长春理工大学,2013.

[70] 翁凤翔.论商务英语翻译的4Es标准[J].上海翻译,2013(1).

[71] 熊薇.文化差异对口译的影响[J].科教文汇(上月旬),2009(8).

[72] 徐默.产出导向法模式下商务英语翻译人才文化素养培养策略研究[J].考试与评价(大学英语教研版),2020(5).

[73] 颜红梅.旅游英语的词汇特点及翻译策略[J].现代教育管理,2014(6).

[74] 叶兴国.我国商务英语学科和专业建设的现状和发展趋势(代序)[J].商务英语教学与研究,2014(4).

[75] 湛军.商务英语学科框架与构成要素[J].当代外语研究,2020(6).

[76] 张东东.目的论视角下的商务英语广告翻译浅析[J].海外英语,2020(24).

[77] 张珺莹.商务英语翻译国内外研究综述[J].经济研究导刊,2015(16).

[78] 张凌凌.跨文化商务交际中商务英语信函翻译浅析[J].学理论,2012(25).

[79] 张文国.食品国际贸易中的商务英语翻译技巧[J].食品研究与开发,2020(20).

[80] 赵乐天.思维模式视角下的汉英句法差异及商务汉英翻译策略[J].大众标准化,2020(20).

[81] 赵巍.商务英语笔译平行语料库的建设及应用[J].湖北开放职业学院学报,2021(1).

[82] 赵玉红.智慧教育背景下商务英语翻译生态化教学模式研究[J].科技视界,2020(29).

[83] 周灵,寸红彬.目的论视角下成都市公示语汉译英翻译研究[J].英语广场,2021(1).

[84]Newmark, P.A text book of Translation[M].Shanghai:Shanghai Foreign Language Education Press,2001.

[85]Nida, E.A.Language, culture, and Translation[M].Shanghai:

Shanghai Foreign Language Education Press,1999.

[86]Nord, C.Translating as a Purposeful Activity: Functionalist Approaches Explained[M].Shanghai: Shanghai Foreign Language Education Press,2001.

[87]Toury, G.Descriptive Translation Studies and Beyond[M].Shanghai: Shanghai Foreign Language Education Press,2001.

[88]Wilss, W.The Science of Translation: Problems and Methods[M].Shanghai: Shanghai Foreign Language Education Press, 2001.